PLANTERIOR
101

PLANTERIOR
101

정재경 지음

추 천 사

작가는 자신의 경험을 바탕으로 고난도 기술을 쉽게 가르쳐 준다. 집 구조와 라이프스타일을 분석하고, 취향을 보태어 어떤 식물을 어떻게 키울 것인지 마치 이웃집 할머니가 텃밭 가꾸는 방법을 가르쳐 주듯 자상하게 알려준다.

도시에 산다는 것은 부자가 사막을 여행하는 것과 같다. 낙타 등에 아무리 맛있는 음식과 아늑한 침구를 챙겨가더라도 모래먼지와 더위, 건조함을 온몸으로 느껴야 하는 삶. 어린 왕자는 사막이 아름다운 것은 어딘가에 오아시스가 숨어 있기 때문이라고 했다. 이 책을 읽고 나면, 어느덧 집안에 그런 오아시스가 펼쳐질 것이라 믿는다. 사막 같은 도시에서 식물들이 뿜어내는 음이온을 마시며 음악을 듣는 것처럼, 그들의 속삭임을 들어보라고 유혹해올 테니 말이다.

우종영, 나무의사.《나는 나무에게 인생을 배웠다》저자

식물은 살아 있는 생명체이다. 생명체를 키우는 데는 지식보다 관심과 사랑의 힘이 크다. 종종 식물에 대한 지식이 없어 기르지 않는다고 토로하는 사람을 만난다. 그럴 때마다 일단 식물을 들여 물을 줘보라고 조언한다. 그 귀찮은 과정을 통해 관심이 생기고, 관심이 생기면서 사랑하는 마음이 싹트기 때문이다. 이 책에는 '하나를 키워도 마음을 담아 돌보고, 그 식물이 아름답게 느껴지는 곳을 찾는 것이 플랜테리어다'라고 말하는 작가의 진심이 담겨 있다.

30년을 식물 연구에 정진한 내게도 이 책의 정보는 신선하다. 현장에서 반드시 필요한 것들로 채워져 있어 놀랍기까지 하다. 다양한 소재와 공간의 특성을 바탕으로 식물을 연출하는 방법들이 다채롭게 펼쳐지고 상상력을 자극한다. 식물을 기르고 싶지만 막연한 분이나 식물이 어우러진 조화로운 공간을 꿈꾸는 분들에게 이 책이 도움이 되리라 믿는다.

김광진, 농촌진흥청 도시농업과 과장.

팬데믹 기간 동안 많은 사람들이 실내로 식물을 들이기 시작하며 어느덧 국내에도 실내 가드닝이 삶의 일부로 자리 잡았다.

식물을 키우며 얻는 장점은 나열하기 힘들 만큼 많다. 물론 시행착오 또한 적지 않아서 식물 키우기에 도전했다가 좌절을 겪은 후일담들도 목격된다. 그럼에도 식물 키우기를 지속한다면, 어느덧 새 잎의 뽀얀 얼굴을 만나게 된다. 점점 식물에 빠지게 되는 과정이다.

식물이 인기를 얻으며 인테리어와 식물을 결합한 '플랜테리어'라는 신조어도 등장했다. 식물 키우기가 손에 익는 단계가 되면 내 공간에 조화롭게 배치하는 방법이 궁금해지게 된다. 식물 키우기뿐만 아니라 인테리어까지 담은 이 책에는 '식집사' 사이에서 검증된 배치법이 보기 좋게 정리되어 있다. 담담하게 써 내려간 글이지만, 읽다 보면 식물을 사랑하는 작가의 절절한 마음이 느껴지는 재미는 덤이다.

지식이 난무하지만 지혜가 사라지는 시대에 작가의 책을 통해 이 땅에 실내 가드닝 문화가 지속적으로 자리 잡기를 바란다.

김정원, 플랜테리어 인플루언서. @greentica

식물 키우기에는 영 소질이 없다고 한탄하던 시절을 지나 '융지트'라 이름 붙인 나의 작업실에서 40여 개의 식물과 함께 살게 된 것은 나의 식물 선생님, 재경 님의 몫이 크다. 그에게서 나는 모두에게 맞는 식물이 있다는 것과 식물을 대하는 자세를 배웠다. 함께 산책하며 식물을 맛보기도 하고, 식물의 '얼굴'과 '질감'을 활용해 자연스럽게 공간 안에 리듬감을 만들어 내는 과정을 배우며 식물과 한층 더 친해졌다. 이것이 나의 공간 안에 숲을 들이는 시작이었다.

이 책에는 취향을 찾는 방법부터 내게 맞는 식물을 찾고 키우는 방법, 식물을 활용하는 구체적인 인테리어 팁까지 작가의 노하우가 꾹꾹 눌러 담겨 있다. 실용적인 데다 동시에 자연과 삶을 향한 섬세한 사랑이 느껴져 눈과 마음마저 즐겁다. 하나둘씩 식물을 가꾸고 돌보며 자라난 것은 식물뿐이 아니라 나 자신이었기에, 이 책의 등장이 반갑다. 《플랜테리어 101》 속의 이야기를 하나씩 펼쳐 도전해 보며, 당신도 꼭 느껴보면 좋겠다. 일상에 초록을 들이는 기쁨과 식물의 이름을 알아가는 재미를. 함께하는 여정에서 얻게 되는 자연의 지혜와 내적 성장의 뿌듯함을.

정혜윤, 독립 마케터. 《독립은 여행》 저자

CONTENTS

추천사 4
PROLOGUE 집에서 식물과 건강하고 아름답게 사는 법 10

1 HOME & TASTE   내가 살고 싶은 집은?

라이프스타일 분석하기 16
취향 테스트 18
내가 무엇을 좋아하는지는 나만이 알 수 있다 20
취향을 찾아내는 아주 쉬운 방법 : 스크랩 법 23
스크랩 자료 활용하기 25

2 PLANTS   플랜테리어를 위한 식물

식물 취향에 대하여 30
실내 공간에 대한 이해와 식물 고르기 32
초보 식집사를 위한 잘 자라는 실내 공기정화식물 11가지 35
컬러를 즐기는 실내식물 56
질감을 표현하는 식물 63
향을 즐기는 실내식물 70
시선을 사로잡는 개성 있는 식물 77

3   INDOOR GARDENING   실내 가드닝의 모든 것

실내식물 기본 관리법 세 가지	84
아무리 강조해도 지나치지 않은 통풍	87
실내식물 물 주기	90
친환경 관리법	94
영양 공급	97
분갈이	99
해충 관리	104
식물 건강하고 아름답게 키우기	107

4   BASIC   플랜테리어의 원리와 법칙

플랜테리어란?	116
플랜테리어의 원리와 요소	118
식물 기본 배치법	123

5   PLANTERIOR STYLING   플랜테리어 스타일링

플랜테리어에 이로운 가구들	130
좁은 공간 활용법	134
벽 플랜테리어	138
데스크 플랜테리어	142
고양이를 위한 플랜테리어	144
공간별 플랜테리어 연출법	147

6   INTERIOR STYLING   공사 없이 분위기를 바꾸는 인테리어 스타일링

인테리어 공사 없이 분위기를 바꾸는 법	156
시점	162
동선 체크하기	164
평면도 배치법	166

7   REMODELING   식물이 돋보이는 인테리어 공사

식물과 조화로운 인테리어를 하려면?	170
플랜테리어를 위한 인테리어 공사 시 알아둘 점	174
벽 마감재 고르기	178
바닥 마감재 고르기	181
빛 디자인	185

8 COLORS 컬러로 완성하는 플랜테리어 디테일

색의 원리와 요소	192
쿨톤과 웜톤, 그 오묘한 차이	195
공간에 맞는 색의 비율	197
컬러칩의 종류	198
우리 집 컬러칩 카드 만들기	201

9 LIVING WITH PLANTS 식물의 이로움

컨디션이 좋아진다	206
치유와 회복이 일어난다	209
환경을 회복시킨다	211
생명을 사랑하는 본능, 바이오필리아	213

EPILOGUE 여리고 씩씩한 식물과 함께 사랑하며 행복하게 사는 삶	216
함께 읽으면 좋은 책들	220

PROLOGUE

집에서
식물과 건강하고
아름답게
사는 법

다양한 형태의 집에서 살았다. 18평형 원룸 오피스텔부터 주상복합, 10년 된 판상형 아파트, 타워형 아파트, 3층 단독주택 등등.

오래된 아파트에 입주할 땐 직접 리모델링을 했는데, 이 집은 잡지와 책에 실렸다. 이를 계기로 지인들이 하나 둘 집수리를 부탁하기 시작하면서, 곧 인테리어 비즈니스로 확장되었다. 리빙 잡지에서 주최하는 라이프스타일 전시회의 메인 기획 부스 디자인을 맡기도 했다.

미세먼지를 피하고자 집안 가득 공기정화식물을 키우기 시작했고, 실내 공간에서 식물을 아름답게 연출하는 방법을 탐구하게 되었다. 타인의 공간을 다루는 인테리어 디자이너의 노하우와 식물 200여 개와 5년 동안 함께 산 경험은 첫 책《우리 집이 숲이 된다면》의 배경이 되었다.

책 출간 후 지금까지, 전국의 시민대학, 조경대학, 도서관 등에서 플랜테리어와 실내 식물 가드닝에 대한 강연과 강의를 250여 회 진행하며 수천 명을 만났다.

사람들은 식물을 좋아했다. 식물은 생명의 근원이다. 그러니 식물을 좋아하는 것은 생명체의 본능일 것이다. 식물은 광합성을 통해 산소와 당분을 만들고, 덕분에 생명체는 숨을 쉬고 에너지를 공급받는다. 하지만 생명체라면 본능적으로 좋아하는 식물을, 많은 이들은 멀고도 어렵게 여겼다.

종종 스마트폰에 저장한 식물 카페 사진을 내게 보여주면서 어떻게 하면 그곳처럼 아름답게 플랜테리어를 할 수 있느냐고 묻는다. 식물로 아름답게 연출한 상업공간은 전문가가 세심하게 기획하고, 시공하고, 꾸준히 유지 관리한다. 똑같이 만들기 위해선 공간과 예산과 전문가의 손길과 시간이 필요할 것이다. 그러다보니 대다수가 '플랜테리어plant+interior의 합성어'는 특

출난 솜씨를 가진 사람들이나 하는 거라 생각하며 시작을 어려워했다.

  식물과 함께 사는 삶은 좋은 점이 너무 많아서 포기하긴 아깝다. 집에서 식물과 함께 살며, 유지 관리도 쉽고, 예쁘게 연출하는 방법은 분명 있다.

  이 책은 수천 명의 수강생들과 독자들이 식물과 집에 대해 질문했던 것들을 모은 기록이다. 더 쉽게 생활에 적용할 수 있도록 세세하게 담았다.

  어떤 공간에서 어떻게 살 것인가. 이것은 삶의 철학과 닿아 있다.

  식물과 함께 살며 식물이 살아가는 모습을 지켜보았다. 식물은 한증막 안에 들어앉은 것 같이 뜨겁고 습한 장마철에도, 한 달 내내 비가 한 방울도 오지 않는 건조한 겨울에도, 그저 묵묵히 안간힘을 쓰며 어떻게든 균형을 잡고, 할 수 있는 최선을 다 한다. 우리의 삶도 식물과 다르지 않다. 18평형 원룸에도, 150평형 3층 주택에도, 34평형 아파트에도, 각각의 삶 모두 그 고유의 즐거움이 있다. 나는 그곳이 어디든, 사랑하는 남편과 아들, 고양이 별이, 그리고 식물과 책이 있는 곳이라면 행복하다.

  가족들과 암스테르담 여행을 떠났을 때의 일이다. 식물과 함께 살다가 식물이 하나도 없는 방에 들어서자 숨이 막힐 듯 답답했다. 슈퍼마켓에서 흰색 튤립 한 단을 사다가 파란 유리컵에 꽂자 방안에 생기가 돌며 숨이 트였다.

  생활하는 공간에 식물을 더해 보자. 호텔 방이든, 작은 집이든, 큰 집이든, 식물이 더해지면 비로소 생명의 힘을 품은 공간이 된다. 실제로 식물이 있는 공간은 몸과 마음과 생각의 건강에 도움을 줄 뿐만 아니라 생산성과 효율을 높인다.

이 책은 개인이 일상을 더욱 건강하고 행복하게 살기 위한 방법으로서의 플랜테리어에 초점을 맞췄다. 자신의 취향과 라이프스타일을 찾고, 마음에 드는 실내 식물을 찾아 관리하는 방법을 담았다. 그리고 인테리어 기본 지식을 안내하고, 구조 변경이나 리모델링 같은 큰 공사 없이 취향을 반영하는 플랜테리어 방법을 찾도록 돕는다.

세월이 흐르며 라이프스타일도 변하고, 사는 공간도 달라진다. 그곳이 어디든 식물과 함께하면 몸과 마음과 생각이 건강해지고 생활이 아름다워진다. 이 책은 쉽게 관리하는 플랜테리어로 삶의 질을 높이는 것을 돕고자 하는 목적으로 썼다.

종교는 없어도 법정스님의 《오두막 편지》를 꺼내볼 때마다 마음에 샘물이 차오르는 걸 느낀다. 스님은 '모든 것은 되어 진 것이 아니라 되어 가는 과정 속에 있다'라고 했다. 우리는 완성형이 아닌 진행형이다. 우리 모두 '되어 가는 과정' 속에 있다.

부담 없이 툭 문자를 보낼 수 있는 지인처럼 가까이에서, 식물과 공간, 그리고 삶에 대해 풀리지 않는 궁금증이 생길 때마다 들춰 보는 책이 되면 좋겠다.

비가 촉촉하게 내리는 날, 호야 화분 옆에서
정재경

1

내가 살고 싶은 집은?

HOME
&
TASTE

라이프스타일 분석하기

지은 지 10년이 좀 넘은 아파트를 구입한 적 있다. 체리색 몰딩에 알루미늄 바 손잡이가 달린 붙박이장, 붉은색 마루, 알루미늄 새시를 두른 베란다, 누렇게 변한 오닉스 세면대 등 분양 당시 모습 그대로에 세월의 흔적이 남은 집이었다. 주방 베란다 벽과 욕실 줄눈 사이사이에 핀 거뭇거뭇한 곰팡이 꽃은 반갑지 않은 덤이었다.

그 집에 그대로 들어가 살고 싶진 않았다. 카페 인테리어를 해 본 경험이 있으니 이번에도 직접 인테리어를 해 보기로 마음먹었다. 그런데 상업 공간 인테리어와 주거 공간 인테리어는 다른 영역이었다. 카페는 콘셉트를 살리면서 동시에 맛있게 마시고, 편안하게 즐기는 목적에 충실하면 된다. 반면 주거 공간은 몸을 씻고, 먹고, 자고, 살림살이를 보관하는 등 다양한 용도와 목적에 충실해야 했다. 만만치 않았다.

8절 스케치북에 평면도를 붙인 다음, 가구 그림을 그려 넣고 소재 사진을 덧붙여 가며 한 권을 빼곡하게 채웠다. 선택 기준이 분명해야 했다. 이 집에서 얼마나 살려나? 오래오래 살 것 같았다. 예산을 끌어 쓸 수 있을 만큼 모았다. 당시 아파트 매매가의 10% 정도를 예산으로 잡았다.

방 세 개, 화장실 두 개짜리 아파트였다. 방 하나는 안방, 하나는 아들 방, 하나는 창고 겸 서재로 배분했다. 대근육 발달기인 여섯 살 아들에게는 몸을 쓰는 다양한 활동이 필요했다. 물놀이와 텃밭 가꾸기, 식물 키우기를 할 수 있도록 베란다는 확장하지 않았다. 대신 단을 높이고 폴딩 도어를 설치했다. 봄부터 가을까진 문을 열어두고 확장한 거실처럼 사용했고, 겨울엔 폴딩 도어를 닫아두고 따뜻하게 지냈다.

거실 바닥은 회색 타일을 시공했다. 바닥 청소를 할 땐 세제를 풀어 솔로 박박 문질러 닦은 다음 스퀴지로 물을 끌어당기고 걸레로 마무리했다. 속이 후련하게 청소할 수 있었다. 거실 욕실엔 노란 타일과 노란 손잡이를, 안방에는 가벽을 세워 옷장 겸 책장으로 썼다. 주방은 연남색으로 색상을 맞춰 시공했다. 이 집은 인테리어 책에 실렸고, 소식을 들은 지인들이 집 리모델링을 부탁하기 시작했다. 한 사람 한 사람씩 소개를 받아 비즈니스로 확장시켰다.

프로젝트 견적을 내려면 필수적으로 의뢰인의 집을 방문한다. 다른 사람의 '집'을 많이 봤던 시절이다. 집을 보면 그 사람의 모든 것을 알 수 있다고 해도 과언이 아니다. 흐트러진 살림살이에선 바쁜 일상이 드러나고, 옷 브랜드, 자동차 열쇠, 우편물, 먹고 있는 약봉지까지 잠깐 사이에도 그 집에 머무는 사람에 대한 많은 정보를 읽을 수 있다. 지구상에 똑같은 사람이 없듯이 집도 모두 다르다. 틀림이 아닌 그저 다름이다.

한때 거실을 서재로 만드는 인테리어가 유행했다. 이렇게 '거실 서재'가 된 집들의 한 면에는 커다란 책장이 놓였고, 전집이 빼곡히 꽂혔다. 그런가 하면 어느 집은 창고에 옷이 산더미처럼 쌓여 있었고, 어느 집 베란다 빨래건조대는 옷장으로 쓰이고 있었다. 거실 한가운데에 8인용 식탁을 두고 주방으로 쓰는 집도 있었다. 베란다 가득 식물이 살고 있는 집도 종종 만날 수 있었다.

바쁜 현대 생활에 쫓기듯 살다 보면 사람들은 내 라이프스타일이 무엇인지, 무엇을 좋아하고 어떤 걸 불편해하는지 잘 모른다. 별 고민 없이 유행을 따르고 시대의 흐름에 발맞추며 안도감을 찾는다. 먹는 것, 입는 것, 바르는 것, 타는 것 모두 대체적으로 외부 기준을 따른다.

한 번쯤 멈춰서 나의 라이프스타일을 점검해 볼 필요가 있다. 나에게 맞는 공간, 내 가족의 라이프스타일에 맞는 공간은 시간의 낭비를 줄이고, 에너지를 아끼고, 기분을 좋게 하고, 일이 잘 풀리도록 돕는다.

좋아하는 것들로 둘러싸인 내 집과 나만의 공간은 일상의 감도를 높여 준다. 삶의 만족도가 올라간다. 그렇다면 무엇을 어떻게 배치하고 어떻게 키워야 할까? 다음 테스트를 통해 알아보자.

취향 테스트

누구나 좋아하는 공간이 있다. 여름휴가에 머문 숙소일 수도 있고, 영화 속 주인공의 방일 수도 있다. 적당한 소음을 좋아하기도 하고, 반대로 작은 소리도 나지 않는 고요함을 좋아하기도 한다.

잠시 시간을 내어 생각만 해도 기분 좋은 공간을 떠올려 보자. 이때 떠오르는 이미지를 자세하게 묘사한다. 어떤 특정한 공간이라면 창문, 바닥, 벽, 전등, 햇빛, 온도, 바람, 향기를 구체적으로 떠올려 본다. 사람이라면 입고 있는 옷, 표정, 목소리를 구체적으로 적어 본다. 어떤 상황을 묘사한다면 그때의 기분도 되살려 적어 본다. 빠르게 적는 게 포인트.

라이프스타일

- 지금까지 살면서 가장 행복했던 순간은 언제인가?
- 어떤 일을 할 때 마음이 충전된다고 느끼는가?
- 쉴 때 어떤 활동을 하는 편인가?
- 가족과 함께 살고 있다면 다 같이 즐기는 일이 무엇인지 적어 보자.
- 돈과 시간에 제약이 없다면 가장 하고 싶은 일은?
- 좋아하는 음식은?
- 그 음식을 위해 필요한 그릇과 조리도구는?
- 어떤 색의 옷을 자주 입는 편인가?
- 어떤 스타일의 옷을 좋아하는가?
- 사람들과 함께 있는 것을 좋아하는가? 좋아한다면 무슨 일을 하는가?
- 혼자 있는 시간을 좋아하는가? 좋아한다면 어떤 일을 하는가?

집

- 어떤 집에서 살고 싶은가? 생각나는 이미지나 말들을 빠르게 적어 본다.
- 집에서 가장 좋아하는 공간은?
- 집으로 사람들을 많이 초대하는 편인가?
- 집에서 어떤 일을 가장 많이 하는가?
- 어떤 소재를 좋아하는가? 나무? 금속? 플라스틱?
- 어떤 색을 좋아하는가? 예를 들면 밤하늘의 달빛, 늦가을 오후 6시 47분의 남색 하늘 등등.
- 옷장을 열어 어떤 색이 가장 많은지 본다. 자주 신는 신발과 소지품들의 색을 관찰한다.
- 어떤 가구를 좋아하는가?
- 좋아하는 디자이너나 브랜드가 있는가?
- 집에서 가장 좋아하는 장소는 어디인가? 그곳의 어떤 점이 좋은가?

식물

- 키가 큰 식물을 좋아하는가, 작은 식물을 좋아하는가?
- 잎이 둥근 식물을 좋아하는가, 가늘고 긴 식물을 좋아하는가?
- 가끔 물을 주는 식물이 좋은가, 매일매일 물주는 것을 좋아하는가?
- 향기 나는 식물이 좋은가?
- 실내에서 꽃을 보고 싶은가?
- 먹을 수 있는 식물이 좋은가?
- 빨리 자라는 식물이 좋은가, 천천히 자라는 식물이 좋은가?
- 초록색 잎이 좋은가, 보라색 잎이 좋은가?
- 줄기가 곧게 자라는 식물이 좋은가, 유선형으로 자라는 식물이 좋은가?
- 낮고 넓게 자라는 식물이 좋은가, 곧고 높게 자라는 식물이 좋은가?

내가 무엇을 좋아하는지는 나만이 알 수 있다

2006년 봄, 출장으로 태국 방콕을 방문했다. 낮엔 공장과 시장을 돌고, 저녁엔 쇼핑센터를 둘러봤다. 방콕 중심부 시암 센터에서 팟타이, 똠얌꿍, 카오팟꿍을 주문해 식사를 마친 뒤 에스컬레이터를 타고 리빙 매장으로 올라갔다. 엘리베이터 맞은편 한 매장이 눈에 들어왔다. 벽과 천장, 매대에 흰색 도장이 되어 있고 바닥엔 오크색 마루가 깔려 있었다.

매대 위엔 잘 익은 플로리다 오렌지의 진한 색, 북유럽 숲처럼 차가운 진녹색, 레몬 과육 빛이 도는 하늘색, 흰색 플라스틱 식기류가 차곡차곡 쌓여 있었다. 알록달록 색상이 많은 곳. 검은색 플랫 로퍼를 신은 내 발이, 마치 불을 본 나방처럼 매장 쪽으로 스르르 향하는 걸 느꼈다. 조명, 테이블, 소파, 식탁, 침대 등 집에 필요한 모든 것이 있는 매장이었다. 'Habitat'라고 쓰여 있었다.

호기심이 생긴 나는 직원에게 언제 생겼느냐, 어느 나라에 있냐, 디자인은 누가 하느냐 물었지만, 궁금증이 해결될 만큼 충분한 정보는 얻을 수 없었다. 호텔로 돌아오자마자 노트북을 열고 구글을 뒤졌다.

해비타트는 영국의 산업 디자이너 테렌스 콘란Terence Conran이 1964년에 설립한 홈 퍼니싱 브랜드로, 세련되면서도 합리적인 가격의 리빙 용품을 선보이는 것을 목표로 한다. 플래그십 스토어는 주로 유럽에 있었고, 아시아엔 유일하게 방콕에 있었다. 출장 갈 때마다 눈을 즐겁게 해 주었던 해비타트는 2009년 이케아에 합병되었고, 이후 사라졌던 방콕 플래그십 스토어는 2015년 재개장했다.

콘란의 디자인 철학은 있는 그대로 단순하면서 실용성을 중시하는 것이다. 전후 영국인들에게 따뜻한 저녁을 먹을 수 있도록 예쁜 상품을 공급하고 싶었다고 한다. 그만큼 영국에는 집집마다 콘란의 제품이 한 개 이상 있다고 전해진다. 그는 영국 디자인을 혁신한 공로로 1983년 여왕으로부터 기사 작위를 받았다.

　2020년 89세로 영면한 콘란 경은 '내가 좋아하는 것은 나에게 물어야 한다'라고 했다. 달달한 라테를 좋아하는지, 에스프레소 투 샷에 550ml의 물을 넣어 넉넉하게 마시는지 스스로에게 질문한다. 그에 따라 갖추어야 할 잔도, 수납장도, 쟁반도 달라진다.

　인테리어에서도, 식물에서도 선택이 필요할 땐 '요즘 유행하는 식물들', '최근 인테리어 트렌드' 같은 기사를 찾는 대신 나 자신에게 물어보는 편이 낫다. 겨울철 실내에서 25도 정도로 따뜻하게 지내는 걸 좋아한다면 사막 기후에서 자생하는 열대 식물을, 평소 커튼을 투과한 은은한 빛을 좋아한다면 적은 빛을 견딜 수 있는 식물을 골라야 한다.

나의 라이프스타일을 알고 디자인에 대한 안목이 더해지면 개선점을 찾을 수 있다. 콘란 경은 2019년 중앙일보와의 서면 인터뷰에서 '좋은 디자인을 위해서는 모든 방향에서 흡수하라'라고 조언했다. 디자인 페어나 박물관, 전시, 갤러리, 책과 잡지, 좋은 기사를 모아 두고, 마음속에 언제든 꺼내 볼 수 있는 디자인 스크랩북을 마련하라고 첨언하면서.

그렇다. 스크랩북은 내가 좋아하는 걸 알게 되는 해법이다.

취향을 찾아내는 아주 쉬운 방법 : 스크랩 법

국내 참고 잡지

행복이 가득한 집, 디자인하우스
메종, 엠씨케이퍼블리싱
리빙센스, 서울문화사
까사리빙, 시공사
여성조선, 조선뉴스프레스

해외 참고 잡지

Living etc
Elle decoration UK
Good Homes
HOME and garden
HAUSER

취향을 찾는 아주 쉬운 방법인 스크랩 법에 대해 알아보자.

준비물은 인테리어 잡지 3권 이상, 8절 스케치북 한 권, 가위, 풀, 좋아하는 스티커나 마스킹 테이프, 네임펜 등의 필기도구다.

국내 잡지로는 행복이 가득한 집, 메종, 리빙센스, 까사리빙, 여성조선 등을 추천하고, 해외 잡지로는 Living Etc, Elle decoration, 25 Beautiful Homes를 추천한다. 새 잡지를 구입해서 사용해도 좋고, 과월호가 있다면 더 좋다.

수업 때마다 과월호 잡지를 구하는 일이 생각보다 어려웠다. 그래서 과월호 잡지가 처치 곤란이 되는 곳을 찾아봤다. 단골 헤어숍, 은행, 도서관에 부탁하는 방법이 있었고, 지역카페, 당근마켓 등 커뮤니티를 이용하는 방법 등이 있었다.

잡지의 종잇장을 넘기며 마음에 드는 이미지가 들어 있는 페이지 전체를 잘라낸다. 친구들과 함께 해도 좋다. 여럿이 모이면 저마다 페이지를 잘라내는 방법도 다르다는 걸 알게 된다. 누군가는 자를 대고 칼로 자르고, 또 누군가는 손으로 주욱 찢는다. 가위를 사용해 반듯하게 잘라내는 사람도 있다.

반듯하게 자르는 것, 어쩌면 이것은 스스로 그어둔 강박일지도 모른다.

인간은 자신도 모르는 사이 스스로 한계를 긋는다. "나는 원래 이런 사람이야"라는 말을 자주 한다면 '원래'라는 말에 대해 다시 생각해 볼 필요가 있다. 반듯하게 자르지 않아도 괜찮다. 삐뚤빼뚤해져도 아무 일도 일어나지 않는다.

이 작업에서 가장 중요한 것은 페이지를 빠른 속도로 넘기며 눈과 손을 사용하는 것이다. 종이를 손으로 북북 찢어내는 일탈의 통쾌함을 느끼면서. 감각에 집중하는 것은 마음을 들여다보는 것과 같다.

또 하나, 스크랩 시에는 글을 읽지 않는 것이 중요하다. 글자는 이성을 자극하고, 직관이 발현되는 과정을 막는다. 게다가 꼼꼼하게 읽으며 사진을 보다보면 모두 멋있어 보인다. 취향을 찾아내는 일은 더 어려워지고 만다. 1초에 한 페이지씩 넘기며 빠르게 볼 때 통찰력이 작동하며, 내가 좋아하는 것들을 직관적으로 찾아내게 된다.

스크랩 자료 활용하기

　잡지를 빠르게 넘기며 무의식적으로 자른 페이지가 100장 정도 모이면 잠시 멈추자. 잡지를 덮고 모은 페이지를 한눈에 볼 수 있도록 넓은 테이블이나 마룻바닥에 한데 펼친다.
　페이지를 한 장 한 장 섬세하게 관찰하며 좋아하는 이미지를 잘라낸다. 역시 글은 읽지 않는다. 사진을 현미경으로 살피는 것처럼 구석구석 바라본다. 이때 머릿속에선 여러 생각들이 동동 떠다닐 것이다. 내게 어떤 부분이 좋은 느낌을 주는지 마음으로 살핀다.

　사진 한구석에 흰색 러그가 깔린 마룻바닥과 흰 벽에 고정된 우드 선반이 있고, 2/3 정도만 우드문으로 가린 부분이 있다. 맞닿는 벽면에는 거친 우드 계열의 문발이 설치된 모습이다. 사진 오른편으로는 핑크, 주황, 파랑색이 적절히 조화된 책장이 눈에 들어온다. 이처럼 사물과 벽면이 보이는 넓은 앵글의 전체 사진을 자른다. 전체적인 분위기를 읽을 수 있도록 사진을 앵글 단위로 모은다. 찢은 페이지에서 마음에 드는 이미지를 오려 냈다면, 남은 종이는 버리고 오려낸 이미지만 다시 넓은 바닥에 모두 펼친다. 그다음 사진의 공통점을 찾아 분류한다.

　스케치북의 양면을 펼쳐 하나의 캔버스로 삼는다. 왼쪽 페이지와 오른쪽 페이지에 공통점을 가진 이미지를 붙이고, 발견한 공통점을 손으로 기록한다. '나무 마루, 오크색, 넓은 폭', '산이 보이는 넓은 창, 흰색 프레임, 햇빛', '빨강, 노랑, 파랑, 원색 계열의 오브제, 미니멀한 형태' 같은 식으로 적을 수 있다. 보고 듣고 발견한 걸 그대로 기록한다. 이때 8절 스케치북을 추천한다. 16절 크기보다 자유롭고, 4절 스케치북보다 보관과 관리에 좋다.

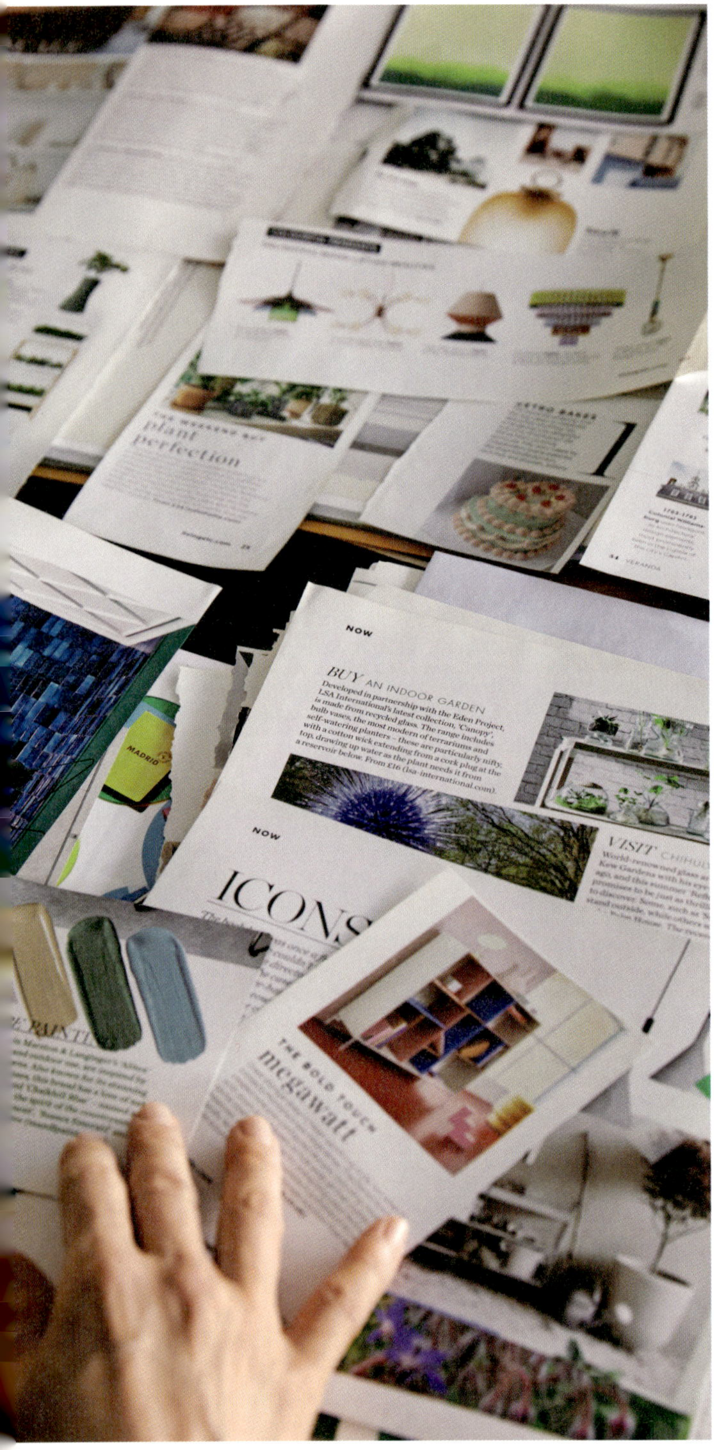
plant
perfection
NOW
BUY AN INDOOR GARDEN
Developed in partnership with the Eden Project, LSA International's latest collection, 'Canopy', is made from recycled glass. The range includes bulb vases, the most modern of terrariums and self-watering planters – these are particularly nifty, with a cotton wick extending from a cork plug at the top, drawing up water as the plant needs it from a reservoir below. From £16 (lsa-international.com).
NOW
VISIT CHIHULY
ICONS
THE BOLD TOUCH
megawatt

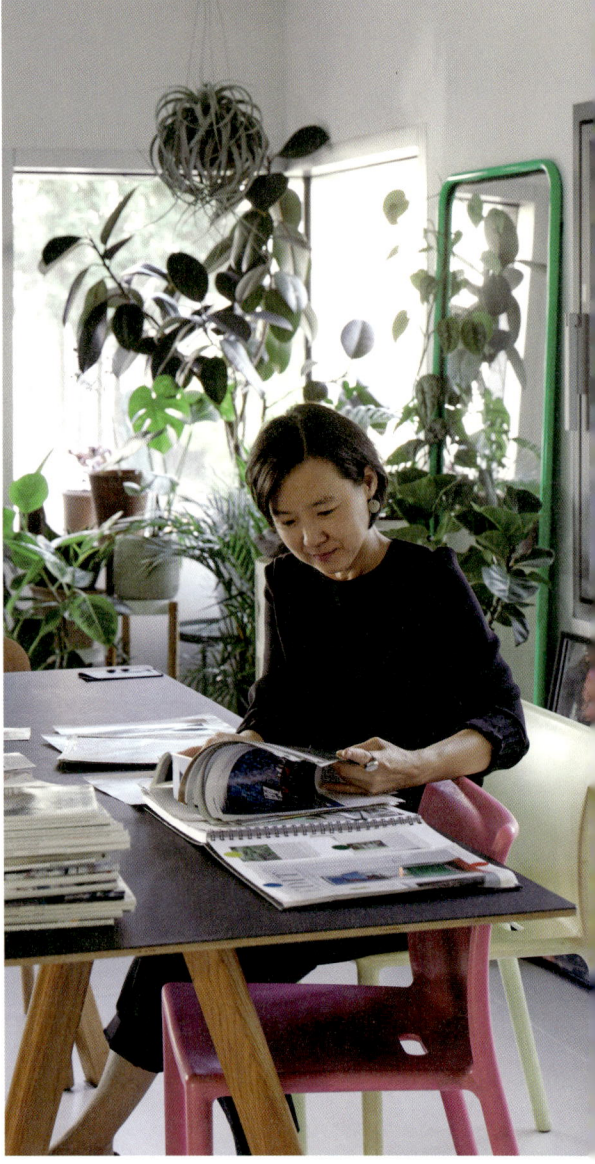

스크랩 자료 정리법

1. 사진의 색을 기준으로 분류한다.
2. 같은 색상의 목재 등 동일 소재를 모아 본다.
3. 거실, 침실, 주방, 정원 등 공간별로 분류해 본다.
4. 분위기별로 모아본다. 예를 들면, 클래식 스타일, 모던 스타일, 쉐비 스타일, 빈티지 스타일, 인더스트리얼 스타일, 미니멀리즘 스타일 등이 있다.
5. 공통점이 있는 이미지들끼리 모아 한 페이지에 붙인다. 사진 속 가구들이 오크색인지, 창문이 많은지, 잎이 동그란 식물이 많은지 등을 파악할 수 있다. 이 과정에서 나도 모르던 취향을 발견하게 된다.
6. 발견한 공통점을 스케치북 페이지에 기록한다.

이 분류 과정에는 인형 놀이나 모래 놀이처럼 충분한 시간을 배분한다. 내가 좋아하는 것들을 찾기 위해선 감수성이 작용해야 하는데, 감수성은 조개의 촉수처럼 안전하다고 느낄 때 밖으로 뻗어 나온다. 마음이 급하면 감수성이 깨어나지 않는다. 시간에 여유를 두고, 마음이 편안한 상태에서 작업한다. 재미있는 놀이가 될 것이다.

어떤 수강생은 평소 미니멀한 하얀 집을 좋아한다고 생각해 왔는데, 모아둔 이미지에 하얀 집 사진이 하나도 없었다. 사진 속엔 대청마루, 처마, 넓은 정원, 기와, 나무 문이 많았다. 그동안 까맣게 잊고 지냈지만 과거 어느 시점에 한옥에 로망이 있었다고 했다.

그렇다고 당장 한옥으로 이사하라는 의미는 아니다. 내가 좋아하는 것들을 공간에 반영해 자주 보고 느끼는 것이 핵심이다. 한옥 그림이나 사진을 걸어두고 내가 좋아하는 것을 자주 바라보는 것만으로도 삶의 질이 올라간다.

취향을 발견하는 스크랩은 여럿이 동시에 해도 재미있다. 한번은 단짝 친구 둘이 함께 프로그램에 참여했는데, 서로 모아 둔 이미지를 보며 "와, 진짜 이상해요! 어떻게 이런 걸 좋아할 수 있지? 이 스크랩에는 제가 좋아하는 게 하나도 없어요!" "나도 그렇거든! 얘가 고른 것 중에도 제가 좋아하는 게 하나도 없어요!"라며 즐거워하기도 했다.

이 작업을 거치면서 세상에 얼마나 다양한 취향이 존재하는지 알게 된다. 각자의 고유함을, 자연의 신비로움을 이해하게 된다.

2

플랜테리어를 위한 식물

PLANTS

식물 취향에 대하여

주변에서 옷을 추천해달라는 말을 들으면 어떻게 해야 할까? 평소 활동적인 사람이라면 몸에 꼭 맞는 슈트보다는 약간 헐렁하면서도 신축성이 있는 소재의 의류를 선호할 것이다. 레이스나 리본이 있는 옷을 좋아하는 사람에게 미니멀하거나 기하학적인 옷을 추천하면 적절한 답이 되지 않는다. 이처럼 알맞은 옷을 추천하려면 라이프스타일, 취향, 예산 범위 같은 정보가 필요하다.

식물을 추천해달라는 말은 옷을 추천해달라는 말과 비슷하다. 다만 이런 질문은 보통 식물 입문자의 질문일 경우가 많아서, 잘 죽지 않고 공기를 정화하는 식물 순으로 골라 추천을 하는 편이다. 식물이 잘 자라야 재미를 느끼고, 재미가 있어야 '하나 더 키워볼까'라는 마음이 생기기 때문이다. 주로 스킨답서스, 스파티필룸, 아레카야자 같은 식물이다. 식물 이름을 알려주면서 사진을 보여주면, 대부분의 사람들은 고개를 끄덕이며 식물 이름을 재차 묻거나 메모한다.

한번은 친구 하나가 내 추천을 듣고는 말할까 말까 하는 표정으로 자기는 아레카야자가 싫다고 말했다. 뾰족한 잎이 날카롭게 느껴져 굳이 집에 두고 싶지 않다고 했다. 이 친구는 잎끝이 동글동글한 식물이 좋다고 했다. 친구가 좋아할 만한 인도고무나무, 떡갈잎 고무나무 같은 식물을 권하며 사진을 보여주었더니 마음에 들어 했다. 반면, 아레카야자 잎에서 힘 있게 친 사군자 같은 에너지가 느껴진다며 좋아하는 사람도 있었다.

이처럼 사람마다 취향이 다르다. 다육이는 마니아가 있고, 한때 프리미엄이 붙을 만큼 인기였다. 지금도 그 매력에 빠져 다육이를 많이 키우는 사람들이 있는 반면, 식물 200여 개를 키우면서도 다육이는 단 하나도 키우지 않는 사람도 있다.

식물 취향을 알아보려면 온라인에서 이미지를 검색해 마음에 드는 식물들을 추려 보는 것이 도움이 된다. 혹은 각지의 식물들이 한데 모이는 화훼 단지나 공판장에서도 실컷 볼 수 있다. 무작정 데려오기보다 실물을 보고 고르기를 권한다.

그중에 유난히 눈에 들어오는 식물이 있기 때문이다. 마음에 드는 식물을 데려오면 눈길이 한 번 더 가고, 관리를 잘하면 오래오래 함께 살 가능성이 높다. 유튜버 '밀라논나'로 알려진 장명숙 선생은 40년 넘게 함께 살고 있는 식물이 있다고 한다.

식물을 고를 때는 관리의 난이도, 집의 환경, 성격 등 고려해야 할 요소가 많다. 모든 성장이 그렇듯 식물 키우기 역시 시행착오를 겪으며 실력이 자란다. 그 과정에 식물과 교감하며 경험치가 쌓인다. 생명의 힘은 강력하기 때문에 실내 공간에 들어온 식물은 별처럼 반짝반짝 빛난다.

내 솜씨가 다소 서툴러도 괜찮다. 식물은 한 번의 잘못으로 바로 죽거나 토라지지 않는다. 수용의 폭이 넓다. 생각해보면 식물은 이 땅에 인간보다 더 오래 살고 있는 생명체가 아닌가.

실내 공간에 대한 이해와 식물 고르기

식물이 많은 공간을 떠올려 보자.

가장 먼저 떠오르는 공간은 태국에서 가장 높은 산, 치앙마이 도이 인타논 국립공원이다. 집 라인을 타려고 줄을 섰는데, 발아래로 펼쳐진 숲에 고사리 같은 양치식물부터 하늘 끝까지 뻗어나갈 듯 키 큰 야자나무까지 촘촘한 식물층이 펼쳐졌다. 발을 헛디뎌 떨어져도 탱탱한 풀잎에 튕겨 다치지 않을 것 같았다.

매미가 기를 쓰고 울어대는 한여름 청계산 자락의 뒷산도, 황금색 벼가 넓게 펼쳐진 고기리 논에도 온통 식물이었다. 식물이 무성한 공간은 햇빛도 많고, 비와 바람도 풍부하다.

반면 실내엔 비와 바람이 없다. 천장과 벽이 거친 비와 바람을 막기 때문이다. 그러니까 실내에 사는 식물은 늘 나무 그늘 아래 있는 셈이다. 그런 생각 때문인지 사람들은 보통 실내에선 식물이 건강하게 잘 살기 어려울 거라 짐작한다. "우리 집은 해가 잘 들지 않는데 식물이 잘 자랄까요?"라는 질문은 그런 이유에서다.

결론부터 말하면, 식물에 따라 다르다. 집에서 잘 자라는 식물도 있고, 그렇지 않은 식물도 있다. 사과나무나 배나무처럼 열매를 맺거나 장미나 작약처럼 꽃을 피우는 식물은 실내에선 잘 자라기 어렵다. 뜨거운 햇빛이 필요하기 때문이다. 낙담하긴 이르다. 지구에 살고 있는 식물은 약 70만 종으로, 그중엔 반드시 우리 집에 맞는 식물이 있다.

반양지에서 반음지를 이루는 실내에서는 관엽식물이 잘 자란다. 관엽식물은 잎사귀의 색이나 모양새를 관상하기 위해 재배하는 식물을 말한다.

양지는 직사광이 하루 4시간 이상 내리 쬐는 곳을 말하고, 반양지는 직사광이 내리쬐는 시간이 2시간 정도 되는 곳이다. 참고로, 반음지는 직사광은 없지만 밝은 빛이 많이 드는 곳이다. 음지는 빛이 들지 않는 조건을 말하는데, 실내 환경은 대부분 반양지에서 반음지 사이에 있다. 관엽식물이 자라기 좋은 조건이다.

앞이 탁 트여 있는 판상형 정남향 아파트의 실내 환경은 주로 양지다. 요즘 아파트는 보다

많은 세대에 햇빛이 들게 하기 위해 방향을 살짝 꺾어 남동향, 남서향 타워형이 많다. 때문에 반양지, 반음지 실내가 점점 늘어나고 있다.

한편, 관엽식물은 열대식물이 주를 이룬다. 한국에서는 기상 이변으로 바나나, 파인애플, 망고 같은 아열대 식물들의 재배와 번식이 늘어나고 있지만, 아직까지는 온대 기후로 분류된다.

온대 기후에서 열대식물인 관엽식물이 잘 자랄까? 열대 기후란 가장 추운 달의 월평균 기온이 18도 이상인 지역에서 나타나는 기후를 뜻한다. 난방을 하는 한국의 겨울철 실내 온도는 보통 21도에서 25도 사이에 있다. 실내는 열대 기후와 같은 셈이다. 따라서 이런 조건의 실내에선 열대식물이 잘 자란다.

각 지역 자생 식물들은 집에서도 잘 자랄 가능성이 높다. 들판의 야생화, 집 근처 공원의 식물들을 잘 관찰해 볼 것. 꽃이 진 다음 씨앗을 몇 개 채집해 화분에 심으면 싹이 트고 튼튼하게 자란다. 이미 우리 기후에 잘 적응한 식물들이기 때문이다.

초보 식집사를 위한 잘 자라는 실내 공기정화식물 11가지

'나도 식물 하나 키워볼까' 하는 마음이 조심스럽게 싹튼다면 다음 식물들을 기억해 두자. 실내에서도 잘 자라 용기를 주면서도 실내 공기를 정화해 컨디션을 끌어올리는 기특한 식물들이다. 지금부터 나오는 식물 이름을 적어두자. 화원에 방문했을 때 선택을 훨씬 쉽게 할 것이다.

스킨답서스 *Epipremnum aureum*

빛	반양지에서 반음지
온도	15~25도
습도	높음
난이도	아주 쉬움
독성	독성이 있어 반려동물에게 해롭다.
물 주기	흙 표면이 말랐을 때 관수하고, 잎에는 자주 분무해 준다.
비료	봄부터 늦여름까지 2주에 한 번씩 종합 비료를 준다.
관리	높은 습도를 좋아하므로 자주 분무해 준다. 줄기를 잘라주면 잎을 풍성하게 틔운다. 일 년 중 아무 때나 잘라주어도 된다.

첫 번째로 추천하는 식물은 스킨답서스. 학명은 포토스 오레우스Pothos aureus지만 1900년대 중반에 속명이 스킨답서스Scindapsus로 바뀌었고 최종적으로 에피프레넘Epipremnum으로 확정되었는데, 우리나라에서는 여전히 스킨답서스로 유통되고 있다.

스킨답서스는 실내에서 키우기 가장 쉬운 식물이다. 하도 잘 번식해서 오죽하면

'악마의 식물'이라는 별명이 붙었다. 수경재배(물꽂이)하는 물병의 물이 완전히 말라도 약 2주 정도 생명력을 유지한다. 그러다가 물을 채워주면 생생해지는 마법의 식물.

썩 건강하지 않은 잎 두 장짜리 스킨답서스가 있었다. 이사할 때도 차에 태워 옮길 만큼 애지중지했다. 3년 정도 지나 잎이 네 장으로 늘어났는데, 잠깐 여행을 다녀오는 사이 기절해있었다. 다시 살아날 수 있을까 반신반의하며 물을 주었는데 네 잎 중 두 잎은 노랗게 되어 떨어지고 축 늘어졌던 두 잎은 초록색으로 살아났다. 그때의 감동이란! 스킨답서스 잎은 지금 예닐곱 장이다.

가끔 스킨답서스도 초록별로 보냈다는 사람들이 나타나는데, 그건 물을 채워주는 것도 잊을 만큼 현실 세계에서 열심히 살았기 때문이 아닐까. 자책하지 말고 열심히 산 우리를 토닥토닥 위로하고 다시 도전하자.

사는 게 너무 바쁠 땐 식물을 세면대 가까이로 옮겨보길 추천한다. 이를 닦으며, 몸을 씻으며 식물에 눈길이 머문다. 살릴 확률이 좀 더 높아진다.

스킨답서스는 덩굴 식물이라 보통 위에서 아래로 내려오게 자란다. 풍수학적으론 위에서 아래를 향하는 덩굴식물은 무의식에서 하강을 암시하기 때문에 주의할 것. 아래에서 위로 타고 올라가게 키우는 편이 좋다. 화분 흙에 수태봉을 꽂아주면 봉을 타고 오르며 자란다.

수태봉은 코코넛 섬유로 감싼 막대기로, 식물이 코코넛 섬유에 뿌리를 내린다. 덩굴식물은 굴촉성을 가지고 있어 뭔가에 닿으면 감고 올라가는 성질이 있다. 행잉 화분을 만들어 넝쿨이 줄을 타고 올라가도록 길을 만들어주는 것도 좋은 방법이다.

스킨답서스 줄기에는 공중 뿌리, 즉 기근이 나온다. 그 아래쪽을 잘라 물에 꽂아 수경재배하면 마치 원형 꽃다발처럼 아름답다. 뿌리 하나에 잎 한두 장 정도 달리도록 줄기를 짧게 잘라 준다. 뿌리의 생장점과 잎의 생장점이 모두 다 살아 있어 지속적으로 성장할 수 있다. 유아용 안전가위로도 충분히 자를 수 있으니 아이와 함께 해보는 것도 좋다. 스킨답서스는 물에 꽂아만 주면 자라니 아이들도 충분히 돌볼 수 있다.

조금 더 아름답게 연출하고 싶을 땐 다양한 종류의 스킨답서스를 섞어 키운다. 꽃꽂이에서는 꽃과 잎의 종류가 다양할수록 더 고급으로 치는 경향이 있는데, 형광 스킨답서스, 그린 스킨답서스, 엔조이 스킨답서스, 마블 스킨답서스 등을 섞어 물

꽂이를 하면 다양한 색상과 질감을 즐길 수 있다.

스킨답서스는 일산화탄소 제거 능력이 좋으니 가스레인지 근처에서 키우면 더욱 실용적이다. 유리병이나 유리 재질의 화병에 담아 키우면 청량한 느낌이 들어 주방에도 잘 어울린다. 약간의 독성이 있으니 반려동물이나 어린아이가 먹지 않도록 주의할 것. 잘 자라고 벌레가 거의 생기지 않는 기특한 식물이다. 식물에 생기는 벌레가 걱정되어 식물을 키우기가 망설여진다면, 더욱더 스킨답서스를 추천한다(사진은 유통명 엔젤 스킨답서스).

스파티필룸 *Spathiphyllum wallisii*

빛	반양지에서 반음지
온도	12~24도
습도	중간
난이도	아주 쉬움
독성	잎, 꽃, 뿌리 등 모든 부위에 독성이 있어 반려동물에게 해롭다.
물 주기	봄부터 가을까지는 배양토를 촉촉하게 유지한다. 겨울에는 흙 표면이 말랐을 때 관수하고, 잎엔 자주 분무해 준다. 꽃에는 물이 닿지 않는 게 좋다. 자갈을 깐 받침 위에 두고, 자갈이 물에 잠기도록 해 촉촉하게 유지한다.
비료	봄부터 늦여름까지 2주에 한 번씩 종합 비료를 준다.
관리	스파티필룸은 딱 맞는 화분을 좋아한다. 분갈이 해 줄 때에도 기존보다 직경이 1~2cm 정도 큰 화분이면 충분하다. 직사광은 피하는 것이 좋다. 뿌리가 흙 위로 올라오면 분갈이를 해 준다. 벌레도 잘 생기지 않으며 실내에서 꽃을 피우는 아주 착한 식물이다.

백화점이나 마트 지하에도 식물을 식재한 커다란 플랜트 박스를 볼 수 있다. 이렇게 창이 하나도 없는 공간에서 보이는 초록은 진짜일까, 가짜일까? 빛과 바람이 없는 실내는 식물이 생명을 유지하기엔 가혹한 조건이기 때문에 생명이 자라고 있

다는 걸 믿기 힘들다.

식물 잎을 어루만져 본다. 질감이 촉촉하고, 잎이 차갑지 않은 걸 보면 살아있음에 틀림없다. 종종 무릎 높이의 식물이 백조의 머리처럼 하얀 꽃을 피운 걸 관찰할 수 있다. 이 식물은 스파티필룸이다. 빛이 적고, 바람도 아쉬운 실내 공간에서도 꽃을 피우는 강인한 생명력을 가졌다. 게다가 나사가 발표한 공기정화식물 10위에 등극한 착한 식물이다.

스파티필룸은 실내에서 화분에 담아 키워도 잘 자라고, 뿌리를 물에 담가 수경재배로 키워도 잘 자란다. 이 식물은 부피를 줄여 키울 수 있어 실내 공간에서 더욱 반갑다.

부피가 작은 식물이 환영받는 이유는 우리가 살고 있는 공간이 한정되어 있기 때문이다. 대부분의 식물이 줄기를 중심으로 방사형으로 자라는 편인데, 스파티필룸은 두께가 10㎝ 정도인 납작한 화분에서도 몇 년 동안 키울 수 있다.

수경재배는 식물의 뿌리만 물에 담가 키우는 방법을 말한다. 수경재배 시에는 뿌리 흙은 모두 제거해주어야 한다. 흙 속 박테리아가 물에서 먼저 번식해 뿌리와 줄기를 먹어 치우기 때문이다.

뿌리의 흙을 제거해 주려면 먼저 스파티필룸을 화분에서 꺼낸다. 식물 뿌리가 화분 밖으로 나올 만큼 잘 자랐다면 억지로 꺼내는 대신 가위로 비닐 포트를 잘라 벗기듯 꺼낸다. 그다음 흙을 털어 준다. 젓가락으로 땋은 머리를 풀 듯 뿌리를 풀어 준다.

금속 젓가락은 뿌리를 다치게 할 수 있고, 나무젓가락은 뿌리와 마찰이 생겨 시간이 더 걸린다. 표면이 매끈한 플라스틱 젓가락을 사용할 때 속도가 가장 빠르다.

아무리 꼼꼼하게 털어내도 뿌리에 흙이 남아있을 것이다. 남은 흙은 물에 헹궈 주면 확실하게 제거할 수 있다. 세면대에서 수돗물에 씻어 흙이 하수관을 타고 흘러 내려가게 하는 것은 피한다. 하수관이 막힐 가능성이 높기 때문이다. 양동이에 물을 받은 다음 뿌리를 그 안에 넣고 흔들어 씻는다. 물을 하루나 이틀 정도 묵히면 흙이 아래로 가라앉는다. 윗물은 따라 버리고 가라앉은 흙은 말린 다음 종량제 봉투에 넣어 배출한다.

수경재배하는 화분엔 돌을 깔아 준다. 수경재배에 돌을 깔아주는 것은 화분의 무게 중심을 잡아 넘어지지 않게 하고, 식물이 더 잘 자라도록 돕는 데 목적이 있다. 식물의 뿌리는 무언가를 잡고 자라는 성질이 있어 돌을 넣어 주면 생육 상태가 더 좋아진다.

화분 표면을 덮는 장식용 자갈을 사용해도 좋고, 굵은 마사토를 사용해도 좋다. 마사토를 사용할 땐 세척 마사토를 사용해야 한다. 세척되지 않은 마사토는 시간이 지날수록 돌에 묻어 있는 진흙이 물속으로 배어 나와 단단하게 굳는다. 흙이 단단하게 굳으면 뿌리가 숨을 쉬지 못해 생육 상태가 나빠진다.

호야 *Hoya carnosa*

빛	반양지
온도	16~24도
습도	중간
난이도	아주 쉬움
독성	잎이나 줄기에 상처가 나면 나오는 하얀 수액에 독성이 있다.
물 주기	실내에선 흙을 다소 건조하게 관리해도 좋다. 겨울에는 흙 표면이 말랐을 때 관수하고, 잎엔 자주 분무해 준다.
비료	봄부터 가을까지 2주에 한 번씩 종합 비료를 준다.
관리	가을에 가지치기를 한다. 줄기와 색이 다른 꽃줄기는 자르지 않는다. 이 부분에서 더 많은 꽃들이 피어나기 때문이다. 지지대를 세워주면 모양을 잡는 데 도움이 된다.

화원에 있는 모든 식물을 키울 기세로 한 개씩 두 개씩 개체 수를 늘려가고 있었다. 식물은 많아질수록 지구 환경에 도움이 되는 일이니, 식물을 데려올 때마다 지구를 돕는다는 대의명분도 있었다. 호야도 그때쯤 만났다.

초록색 잎 가장자리에 아이보리색 무늬가 있고, 가끔 전부 아이보리색인 잎도 군데군데 섞여 있었다. 호야는 새 잎을 내미는 속도가 더뎠다. 애정을 주어도 호야는 늘 같은 모습이었다. 살아 있는 건지 죽은 건지. 가끔 한 번씩 잎을 만져 보면 온기가 느껴질 뿐 관심이 덜 가는 편이었다.

호야처럼 잎이 두꺼운 식물은 선인장처럼 물을 아주 가끔만 주어도 생명을 유지한다. 4단짜리 벽 화분 두 열에 호야 화분 12개를 심곤 아주 가끔, 두어 달에 한 번 정도 물을 채워 주었다.

인스타그램에선 자기가 키우는 호야에 꽃이 피었다는 사진을 종종 만났다. 그럴 때면 몇 년째 감감무소식인 우리 집 호야에게 어쩐지 섭섭했다. 내 속을 아는지 모르는지, 덩굴식물 호야는 벽을 타고 위로, 화분을 따라 아래로, 옆으로 제멋대로 뻗어나갔다.

어느 날, 초록색과 아이보리색 사이에서 핑크색이 눈에 띄었다. 한쪽 끝엔 주먹 같은 분홍 덩어리가 달려 있었다. 며칠 후 호야는 손을 활짝 펴 분홍 별 같은 꽃을 틔웠다. 별 속에 작은 별이 또 있었다. 이 꽃에서도 향기가 날까.

꽃송이에 코끝을 대 냄새를 킁킁 맡았다. 꽃에선 초콜릿 향이 풍겼다. 보송보송한 벨벳 꽃잎엔 이슬 같은 액체가 맺혀 있었다. 액체를 손가락으로 톡톡 찍어 보았다. 촉촉하면서도 끈적이는 액체가 손끝에 묻었다. 혀끝에 대어 보니 달짝지근했다.

호야는 한 달 넘게 낮에 12시간 이상 빛을 쪼이면 꽃봉오리가 생긴다. 호야는 꽃이 피기 힘든 식물이지만, 조건이 맞으니 녀석은 해가 지날수록 탐스럽게 숱 많은 분홍 꽃송이를 보여 주었다.

호야에는 솜깍지벌레가 잘 생기는 편이다. 흰색 솜처럼 군데군데 묻어 있는 건 흰색 솜깍지벌레이고, 줄기나 잎맥을 따라 갈색으로 다닥다닥 붙어 있는 건 깍지벌레다. 벌레가 보일 땐 장갑 낀 손으로 잎과 줄기를 훑어 주면 빠르게 제거할 수 있다. 비눗물을 묻혀 닦아 주면 식물에도 환경에도 안전하다.

봄부터 가을까지는 물을 규칙적으로 주고, 가을부터 봄까진 건조하게 유지한다. 직사광은 피한다. 잎을 자주 닦아주면 먼지가 제거되어 호흡이 원활해지므로 광합성 작용이 활발해진다. 에너지 대사가 빨라져 공기 정화에 도움이 되고, 산소 발생량도 증가한다.

줄기가 길어지면 줄기 중간의 공중 뿌리 아래를 잘라 물에 꽂아 수경재배 방식으로 키워도 좋다. 속도는 느리지만 꾸준히 자란다.

홍콩야자(쉐프렐라) *Schefflera arboricola* 'Hong Kong'

빛	반음지
온도	15~24도
습도	중간
난이도	쉬움
독성	잎, 꽃, 뿌리 등 모든 부위에 독성이 있어 반려동물에게 해롭다.
물 주기	흙을 다소 건조하게 관리해도 좋다. 봄부터 가을까지 흙 표면이 말랐을 때 물을 주고, 겨울엔 한 달에 한 번 정도 준다.
비료	봄부터 가을까지 2주에 한 번씩 종합 비료를 준다.
관리	뿌리에 딱 맞는 화분에 키운다. 따뜻한 실내에 두되 직사광을 피한다. 가지치기는 봄에 해 주는 편이 좋다.

유통명은 '홍콩야자', 학명은 '쉐프렐라'. 홍콩야자 잎은 '가위바위보'에서 보를 낸 아기 손처럼 귀엽다. 잎자루 하나에 작은 잎 7~8장이 사이좋게 매달려 있다. 홍콩야자는 슈퍼마켓에 가면 무의식적으로 장바구니에 챙겨 담는 대파나 콩나물처럼 화원에 가면 늘 있는 친근한 식물이다. 쑥쑥 자라 키우는 재미도 있었다.

홍콩야자 줄기를 부러뜨린 적 있다. 잎이 몇 장 붙어 있는 원줄기였다. 미안해 버릴 수가 없어서 작업실 창가에 두고 이제나저제나 뿌리를 들여다보았다. 잎자루 끝에서 실처럼 가느다란 뿌리를 내밀더니 조금씩 자랐다. 뿌리가 자라는 모습을 지켜보는 것도 힘이 된다.

홍콩야자는 쑥쑥 자랐다. 녀석은 물속에서 뽀얀 뿌리를 키웠다. 뿌리가 수염처럼 수북해졌다. 뿌리 길이가 손가락 두 마디 정도로 자랐을 때 토분에 흙을 담고 홍콩야자를 심었다. 갈색 지지대를 세우고, 케이블 타이로 느슨하게 묶어 주었다. 헐렁하게 묶은 이유는 잎맥과 수맥이 눌리면 생장이 더뎌지고, 심하면 고사하기 때문이다.

검지 한 마디 크기였던 홍콩야자는 금세 손바닥만 하게 자랐다. 녀석 옆에 팔꿈치를 대고 키를 재 봤더니 손목을 넘어서고 있었다.

이번엔 크게 자란 홍콩야자 줄기를 일부러 가위로 잘랐다. 홍콩야자 뿌리가 자라는 걸 보고 싶었다. 나는 똑같이 홍콩야자를 잘라 물컵에 담았다. 녀석의 뿌리가 자라기 시작했을 때 더 큰 유리병에 옮기고 세라믹 볼을 채워 주었다. 줄기에서 길게 내린 기근도 물속 세라믹 볼 위에 올렸더니 생장속도가 빨라졌다.

애지중지 키웠지만 홍콩야자는 지난겨울 떠났다. 헤어짐이 두려워 식물 키우기를 망설이는 사람들을 종종 만나곤 하는데, 그 마음이 이해된다. 오래 함께 한 반려식물이 식물별로 돌아가는 건 아무리 경험해도 익숙해지지 않는다. 이별의 쓰라림도 예방 접종이 가능하다면 얼마나 좋을까.

모든 생명체를 살리는 것은 인간이 할 수 있는 일이 아니다. 우리는 신이 아니기 때문에 다 살릴 수 없다. 식물에 대한 지식과 경험을 쌓으며 식물을 살릴 가능성을 높여 가면 된다. 이별이 두려워 포기하기엔 식물과 함께 살아서 좋은 점이 너무 많다. 식물에 대해 알면 알수록 현대인이 갖고 있는 몸과 마음의 문제가 식물과 흙과 멀어져 생기는 게 아닌가 의심하게 된다.

홍콩야자는 줄기를 잘라 수경재배해도 잘 자란다. 식물은 생장점이 있어야 자라므로 줄기에서 뻗어 나오는 기근(공중 뿌리) 아래쪽을 소독한 가위로 잘라 뿌리의 생장점을 확보하고, 잎이 두 장 이상 붙어 있는 가지를 고른다. 잎의 생장점, 줄기의 생장점이 모두 살아있어야 둘 다 자란다.

가끔 잎에 깍지벌레가 생긴다. 깍지벌레는 약을 써도 되지만 손으로 문질러 없애는 것이 가장 친환경적이다. 잎에 분무를 자주 해 주면 좋다.

반음지에서 잘 자란다. 반음지는 직광이 들지 않고 밝은 빛이 하루 세 시간 정도 들어오는 곳을 말한다. 흙에 심어 키울 때엔 표면의 흙이 말랐을 때 물을 준다. 여러 가지 잎의 홍콩야자를 섞어 키우면 잎에서 오는 아름다움을 즐길 수 있다.

싱고니움 *Syngonium podophyllum*

빛	반양지에서 반음지
온도	15~29도
습도	중간
난이도	아주 쉬움
독성	잎, 꽃, 뿌리 등 모든 부위에 독성이 있어 반려동물에게 해롭다.
물 주기	봄부터 가을까지는 흙 표면이 말랐을 때 관수하고, 겨울엔 물을 줄인다. 잎엔 자주 분무해 준다. 자갈을 깐 받침 위에 두고, 자갈이 물에 잠기도록 해 촉촉하게 유지한다.
비료	봄부터 가을까지 2주에 한 번씩 종합 비료를 준다.
관리	싱고니움은 딱 맞는 화분을 좋아한다. 분갈이 해 줄 때에도 기존 화분보다 직경이 1~2㎝ 정도 큰 화분이면 충분하다. 직사광을 피하고 밝은 곳에서 키운다. 해마다 봄에 가지치기를 해 주면 풍성하고 아담하게 키울 수 있다.

 화원에서 무늬 싱고니움을 만났다. 싱고니움은 세모로 길쭉한 잎을 가졌다. 무늬 싱고니움은 녹색과 흰색이 섞인 무늬가 군데군데 있었다. 그중 잎 하나가 시선을 붙들었다. 잎맥을 기준으로 자를 대고 그은 것처럼 왼쪽은 초록색, 오른쪽은 흰색이었다.

 식물 잎이 초록색인 이유는 엽록소가 있기 때문이다. 잎 반쪽이 흰색이라는 건 그 반쪽엔 엽록소가 없다는 걸 의미한다. 잎 한 장을 유지하기 위해 필요한 엽록소의 양이 반으로 떨어지니, 나머지 반쪽의 엽록소가 두 배의 일을 해야 할 것이다.

 작업실에서 싱고니움의 초록 반, 흰색 반 특별한 잎은 더욱 도드라졌다. 그 부자연스러움은 풀밭에서 해와 바람과 달을 맞으며 무성하게 자란 초록빛 풀새 위에 누군가 버리고 간 새빨간 아이스크림 비닐 포장지처럼 눈에 걸렸다.

 자연에서 못 보던 식물이라면 유전자를 인위적으로 변형시켰을 가능성이 있다. 유전자 변형엔 화학적 방법과 방사능을 쏘이는 방법, 두 가지가 있다.

 그러던 어느 날 흰색 잎 부위 끝이 누렇게 물들기 시작했다. 갈색으로 변하는 면적이 점점 넓어졌다. 시들어가는 잎을 가위로 싹둑 잘랐다. 누렇게 변하거나, 갈색이 된 잎은 바로바로 제거해 주어야 한다.

무늬 싱고니움의 새 잎들은 흰색 무늬 없이 초록색으로 나고 자랐다. 싱고니움이 본연의 모습을 되찾는 것 같아 대견했다. 유전자가 변형될 만큼의 고난을 당했지만 아랑곳하지 않고 자기 갈 길을 가기 시작한 것이다. 줄기 길이가 1m 넘게 자랐고 새 잎은 스무 장 가까이 났으나 전부 초록색 잎이었다.

비록 무늬가 사라져 평범한 싱고니움이 되었어도 풍성하게 잘 자라면 기쁘다. 무엇인가 해낸 듯 커다란 성취감이 느껴진다. 이런 식물로는 싱고니움이 제격이다. 내 손이 닿은 생명이 잘 자란다는 건 곧 자기효능감, 자신감으로 확장된다. 식물이 가진 치유의 힘을 확인할 수 있다.

싱고니움은 덩굴 식물이라 벽면을 장식하는 용도로 키워도 좋다. 흙에 심어도, 수경재배로도 잘 자란다. 줄기 중간에 뻗어 나오는 공중 뿌리 아래쪽을 잘라 물병에 꽂아 주면 된다.

싱고니움은 나사가 발표한 공기정화식물 목록에서 19번째 올라와 있는 식물로 증산력, 병충해, 유해물질 제거 능력이 뛰어나다. 전 세계에 약 30여 종의 싱고니움이 있고, 핑크색 잎을 가진 싱고니움 레온노부아타, 싱고니움 핑크 얼루션, 흰색 잎을 가진 싱고니움 실버홀리, 싱고니움 실버드워프, 무늬가 섞인 싱고니움 매직 마블, 무늬 싱고니움, 잎의 질감이 벨벳 같은 느낌의 벨벳 싱고니움 등이 있다.

몬스테라 Monstera

빛	반양지에서 반음지
온도	18~27도
습도	중간
난이도	쉬움
독성	잎, 꽃, 뿌리 등 모든 부위에 독성이 있어 반려동물에게 해롭다.
물 주기	흙 표면이 말랐을 때 관수하고, 겨울에는 물을 줄인다. 자갈을 깐 받침 위에 두고, 자갈이 물에 잠기도록 해 촉촉하게 유지한다.
비료	봄부터 늦여름까지 2주에 한 번씩 종합 비료를 준다.
관리	반양지나 반음지에서 키우는데, 빛이 부족하면 잎에 구멍이 생기지 않는다. 새 잎에 구멍이 나지 않을 경우엔 조금 더 밝은 곳으로 옮겨준다. 가지치기는 봄에 해 준다.

우리 집 안방 화장실엔 창이 두 개 있다. 덕분에 빛이 잘 들어 식물을 키워도 될 것 같았다. 욕조와 양변기 사이 공간에 대나무 의자를 두고, 아레카야자 한 그루, 몬스테라 한 그루, 극락조화를 배치했다. 식물이 가득한 욕실은 샤워를 할 때마다 숲속에 있는 것처럼 낭만적인 느낌을 주었다.

그중에서도 몬스테라의 찢어진 잎은 마치 씨익 올라간 입꼬리 같아서 스마일 아이콘을 보는 듯 기분이 좋아졌다. 사람들이 느끼는 감정은 비슷해서 인터넷에 몬스테라 그림, 아이콘, 액세서리까지 귀여운 이미지가 가득하다.

몬스테라 잎은 세숫대야만큼 크다. 잎이 크니 바람에 이리저리 흔들리다 찢어지기 일쑤였다. 큰 잎이 햇빛을 막아 아래에서 자라는 작은 잎엔 광량이 부족해지기도 했다. 그래서 몬스테라는 잎에 구멍을 내 바람길을 만들고 아래에 자라는 잎에 햇빛을 보냈다. 몬스테라의 잎 구멍은 생존을 위한 진화의 결과다.

몬스테라 줄기 중간에선 공중 뿌리가 자란다. 처음에는 뿌리가 맞나 싶은데 금세 손가락 한 마디 길이만큼 자라고, 곧 한 뼘 크기로 자랐다. 줄기 중간에서부터 뻗어 나온 뿌리가 화분을 넘어설 땐 살살 잡아당겨 화분 흙 위에 얹어준다. 뿌리는 중력을 따라 흙 속으로 파고 들고, 뿌리가 한 개 더 생긴 몬스테라는 새 잎이 나는 속도가 빨라진다.

몬스테라는 몰래 또 새로운 뿌리를 만들어 화분 뒤쪽 가구 틈새로 내보내기도 한다. 실내에서 키울 때 몬스테라 뿌리가 하도 잘 자라 난처한 경우가 종종 있다. 집 안에서 몬스테라의 뿌리를 만나면 꼭 가느다란 실뱀처럼 보인다. 아무렇지도 않다면 그냥 두고, 뿌리를 볼 때마다 깜짝깜짝 놀라고 좋지 않은 느낌을 받는다면 굳이 견딜 필요는 없다. 뿌리를 잘라 정리해도 된다.

몬스테라의 뿌리는 원래 잘 자란다. 프랑스 파리에 있는 식물원에서 몬스테라를 만났는데, 뿌리가 마치 신경 다발이나 광케이블처럼 뻗어 있었고, 3층 높이에서 1층에 있는 늪까지 뿌리를 내려 물을 마시고 있었다.

이사를 하며 집에서 키우던 몬스테라를 작업실로 옮겼다. 작업실은 유리창과 유리문이 있는, 단열은 좀 아쉬운 곳이었다. 화분에 심어진 몬스테라는 벽 안쪽으로 두고, 수경재배하던 몬스테라는 창 앞 쪽에 두었다. 벽 안쪽 몬스테라는 겨울을 났고, 창 앞 몬스테라는 겨울을 나지 못했다. 몬스테라는 섭씨 7도 내외에서 살 수 있는 식물이다. 굴촉성을 가진 덩굴식물로, 지지대를 세워주면 줄기가 타고 올라간다.

파키라 *Pachira aquatica*

빛	반양지
온도	12~24도
습도	중간
난이도	아주 쉬움
독성	없음
물 주기	봄부터 가을까지 흙 표면이 마르면 관수하고, 겨울에는 건조하게 유지한다. 가끔 한 번씩 잎에 분무하고, 화분은 자갈을 깐 받침 위에 두고, 자갈이 물에 잠기도록 해 촉촉하게 유지한다.
비료	봄부터 가을까지 2주에 한 번씩 종합 비료를 준다.
관리	직사광이 들지 않은 반양지에 둔다. 줄기 끝을 잘라주면 키는 작지만 잎은 풍성하게 자란다.

초등학교 때 버스를 타고 학교에 다녔다. 버스 종점에서 내려 집까지 걸어가다 보면 공터에 잡초가 무성했다. 무심결에 지나다 종아리에 까슬까슬한 식물이 걸리곤 했다. 잡초가 창궐하는 여름에는 반소매에 반바지를 입은 맨살에 풀이 쓸리면 가시에 찔렸나 싶을 만큼 아프기도, 불에 덴 것처럼 뜨겁기도 했다. 조심조심한다고 해도 잡초의 공격을 받은 날엔 불쾌함에 얼굴이 찌푸려지곤 했다. 이 까슬까슬한 잡초의 이름은 환삼덩굴이었다.

파키라의 잎을 처음 봤을 때 길가의 환삼덩굴이 떠올랐다. 파키라의 잎과 환삼덩굴 잎의 모양은 닮았다. 잎자루 하나에 대여섯 장의 잎이 달려 있고, 잎은 손바닥을 쫙 편 것처럼 생겼다. 잎 끝은 길쭉한 럭비공 모양이다.

파키라의 잎을 보기만 해도 종아리가 따가워지는 듯했다. 따갑게 느껴져 망설이는 마음과 그래도 키워보고 싶은 마음이 실랑이를 하다 호기심이 이겼다. 파키라 화분 두 개를 집에 들였지만, 잎을 볼 때마다 따가운 느낌이 되살아나 쉽게 다가갈 수 없었다. 살아 있는 생명은 에너지가 통하기 때문에 사랑의 마음이 없으면 푸석푸석 마른다. 갈색 플라스틱 화분에 담긴 파키라는 처음엔 줄기가 화분을 가득 채울 만큼 통통했지만 금세 쪼글쪼글해졌다.

파키라만 생각하면 따끔거리던 무의식이 달라진 계기가 있다.

건축가 프랑크 게리의 작품인 프랑스 파리에 위치한 루이비통 박물관을 방문했을 때의 일이다. 내부에 입장하자 맞은편 레스토랑 천장에서 허공을 유유히 헤엄치고 있는 물고기 조형물을 보았다. 물고기 조각 아래엔 테이블과 의자가 있었고, 의자 등받이와 등받이 사이엔 검은색 실린더 형태의 화분을 세워 파티션을 만들었다. 화분엔 초록색 식물을 심었고, 화분의 높이와 식물의 키를 다르게 해 리듬감을 살렸다. 유리창을 통해 스며든 햇빛과 공중을 유영하는 물고기와 초록 식물의 조화가 아름다웠다. 그 식물이 파키라였다.

파키라는 농촌진흥청이 추천하는 공기정화식물 다섯 개 중 하나다. 잎의 면적이 넓을수록 공기 정화 효과도 커진다. 파키라도 잎이 큰 편이라 공기 정화 효과가 높다. 식물 뿌리에 사는 미생물도 공기를 정화하므로, 잔뿌리가 많아지도록 키운다. 잔뿌리는 물과 영양소를 잘 흡수하게 돕고, 미생물의 서식지가 넓어지는 효과도 있다.

파키라는 습기도 많이 내뿜어 천연 가습기 역할을 한다. 음이온 방출량도 높은 편이다.

파키라를 잘 키우려면 겉흙이 마르면 물을 충분히 준다. 겉흙이 말랐다고 느껴져도 그로부터 2~3일 후에 물을 주는 편이 좋다.

건조한 계절엔 잎에 분무를 자주 해 준다. 습할 때는 환기를 해 바람을 맞도록 도와준다. 창문을 열 수 없는 상황이라면 선풍기를 틀어 준다.

접란 *Chlorophytum comosum*

빛	반양지
온도	12~24도
습도	중간
난이도	아주 쉬움
독성	없음
물 주기	봄부터 가을까지 흙 표면이 마르면 관수하고, 겨울에는 건조하게 유지한다. 가끔 한 번씩 잎에 분무하고, 화분은 자갈을 깐 받침 위에 두고, 자갈이 물에 잠기도록 해 촉촉하게 유지한다.
비료	봄부터 가을까지 2주에 한 번씩 종합 비료를 준다.
관리	직사광이 들지 않는 반양지에 둔다. 줄기 끝을 잘라주면 키는 작지만 잎은 풍성하게 자란다.

아들이 열세 살이 되던 해, 고양이를 키우자고 졸랐다. 처음엔 식물이 너무 많아 어려울 것 같다고 에둘러 말했다. 그때 키우던 식물의 종류는 다음과 같다. 아레카야자, 파키라, 팔손이, 배롱나무, 금송, 마지나타 레인보우, 아왜나무, 아로우카리아, 올리브, 벵갈 고무나무, 휘커스 움베라타, 필로덴드론 셀리움, 핑크레이디, 호야, 시서스 아이비, 몬스테라, 테이블야자, 필레아페페로미오이데스, 이글레오마, 아보카도, 해피트리, 녹보수, 벤저민 고무나무, 산호수, 라벤더, 로즈메리, 유칼립투스, 선인장, 오렌지자스민, 칼레데아 오르비폴리아, 안스리움, 접란, 극락조화, 스킨답서스, 스파

티필룸, 산세비에리아, 스투키, 인도고무나무, 수채화 고무나무, 떡갈잎 고무나무, 아스파라거스, 파키라, 아이비, 레드스타, 피토니아, 크루시아, 청페페, 싱고니움, 제라늄, 파파야, 레몬, 개운죽, 히메 몬스테라, 애니시다, 아랄리아, 맥문동, 아이비, 콤팩타, 시페루스. 고양이를 데려오려면 안전하지 않은 식물을 치워야 할 것 같았다. 이런 저런 핑계를 대며 시간을 끌고 있었는데, 어느 날 갑자기 고양이 별이가 집에 왔다.

800g 손바닥만 하던 브리티시 숏 헤어 고양이 별이는 바닥에서 화분 위로 훌쩍 점프한 다음, 나무줄기를 타고 올랐다. 화분은 기우뚱하더니 맥없이 옆으로 툭 넘어졌다. 별이는 큰 떡갈잎 고무나무 화분에 올라가 흙을 발톱으로 후벼 팠다. 흙이 화분 밖으로 툭툭 떨어졌다.

별이는 식물을 먹기 시작했다. 독구리난이 맛있는지, 자꾸만 뜯어 먹어 잎이 뎅강뎅강 잘렸다. 풍성하게 자란 독구리난의 줄기를 다 뜯어 먹어 민둥산이 되었다. 줄기 끝이 탱탱하게 부풀어 올랐던 독구리 난은 잎이 하나도 없으니 쪼그려 붙다가 생명의 기운이 사라졌고, 초록별로 떠났다.

독구리난이 떠나자 별이는 접란을 먹기 시작했다. 화살표처럼 가늘고 날렵한 잎의 끝을 뜯어 죄다 몽당 식물로 만들었다. 접란이 한 개라면 또 독구리난처럼 되겠구나 싶어 접란 화분을 더 많이 구입했다. 별이가 이 접란을 먹는 동안 다른 접란이 자라고, 다른 접란을 먹는 동안 또 다른 접란이 자랐다. 일곱 개를 키우니 그제야 별이와 접란의 공생이 가능했다. 잎을 뜯어 먹힌 식물은 위기감을 느끼고 잎을 더 많이 틔워냈다.

장식장 위에 올려둔 접란이 러너를 뻗어 바람결에 낭창낭창 흔들릴 때 고양이 별이는 손으로 탁탁 치며 갖고 놀았다. 접란은 나사의 공기정화식물 목록에 오른 착한 식물이다.

고양이는 코를 쿵쿵거리며 냄새를 먼저 맡고, 먹으면 안 되는 식물은 알아서 먹지 않는다. 걱정하던 일은 일어나지 않았다. 왜냐하면 알아서 먹지 않았기 때문에. 식물을 정리할 필요도, 치울 필요도 없었다. 고양이가 먹으면 안 되는 식물을 먹을까봐 전전긍긍하며 마음을 졸였던 것은 기우였다. 우리는 균형을 잡으며 함께 살아간다. 가을이 시작되는 무렵 우리 집에 온 고양이 별이는 5년째 같은 우리와 함께 살고 있다. 서로에게 도움을 주고받는 생명이다.

인도고무나무 *Ficus elastica*

빛	반양지/반음지
온도	12~24도
습도	낮음~보통
난이도	쉬움
독성	흠집이 생기면 하얀 수액이 나오는데 염증을 유발하므로 주의할 것.
물 주기	흙 표면이 마르면 관수하고, 겨울에는 건조하게 유지한다. 여름엔 일주일에 한두 번 잎에 분무한다.
비료	봄부터 가을까지 2주에 한 번씩 종합 비료를 준다.
관리	반양지나 반음지에 두고 키운다. 양지에 두면 성장 속도가 빨라지고, 음지에 두면 성장속도가 느려진다.

　인도고무나무는 넓적하고 둥근 잎을 가진 공기정화식물로, 나사의 공기정화식물 목록 4위에 올라 있다. 인테리어 스타일리스트나 디자이너들에게 많은 사랑을 받는 나무다. 잎의 가장자리가 유선형으로 부드럽게 흘러 어떤 인테리어와도 잘 어울리는 편이다.

　인도고무나무는 성장이 느린 편이라 실내 공간에서 환영받는다. 실내식물은 너무 잘 자라면 부담스럽다는 사람도 있다. 실내 공간의 크기는 한정되어 있으니, 식물이 너무 잘 자라면 좁게 느껴지기 때문이다. 인도고무나무는 생태계를 교란해 잡초로 지정된 적 있을 만큼 생명력이 강하다.

　짙은 초록색 잎을 가진 인도고무나무의 새잎은 자주색 턱잎에 돌돌 말려 나온다. 말려 있던 잎이 펴지며 턱잎은 저절로 떨어진다. 잎에 상처가 나면 하얀 고무액이 흐르는데, 독성이 있으니 주의할 것. 옛날엔 그 하얀 액을 모아 고무를 만들었지만 지금은 채산성이 낮아 다른 방식으로 제조한다.

　제한된 빛이 드는 지하 스튜디오에서는 살았나 죽었나 걱정이 될 정도로 새 잎을 틔우지 않았다. 빛이 많아 밝은 남향 베란다로 옮기니 우후죽순처럼 새잎이 솟아나는 걸 관찰할 수 있었다. 식물이 너무 잘 자라 부담스러울 땐 조건을 다르게 해 주면 성장 속도를 관리하며 키울 수 있다. 잎이 넓고 왁스층이 두터워 먼지가 잘 쌓이는 편이다. 잎을 일주일에 한 번 정도 닦아 주면 건강하게 키울 수 있다.

수채화 고무나무 *Ficus elastica* var. *variegata*

빛	반양지/반음지
온도	12~24도
습도	낮음~보통
난이도	쉬움
독성	흠집이 생기면 하얀 수액이 나오는데 염증을 유발하므로 주의할 것.
물 주기	흙 표면이 마르면 관수하고, 겨울에는 건조하게 유지한다. 여름엔 일주일에 한두 번 잎에 분무한다.
비료	봄부터 가을까지 2주에 한 번씩 종합 비료를 준다.
관리	반양지나 반음지에 두고 키운다. 양지에 두면 성장 속도가 빨라지고, 음지에 두면 성장속도가 느려진다. 잎에 무늬가 있는 수채화 고무나무는 엽록소가 부족해 빛이 더 필요하다.

　인도고무나무 사촌인 수채화 고무나무를 먼저 알았다. 작업실을 이전할 때 개업식에 오지 못 했던 후배가 나중에 식물을 하나 선물했다. 꽃시장에 직접 가 나무를 고르고, 화분에 옮겨 심은 다음 차 운전석과 뒷좌석 시트 사이에 끼워 흔들리지 않게 고정해 사무실에 데려왔다. 후배는 반려견과 함께 살았는데, 강아지가 혼자 있으면 계속 짖어 이웃에게 피해를 준다며 식물과 함께 리트리버를 태워 동교동에서 출발해 판교까지 왔다. 그 일이 얼마나 수고로운 일인지 그땐 미처 몰랐다. 평범한 감사 인사를 했는데, 조금 더 마음을 담은 인사를 했어야 했나 싶다.

　후배가 선물한 식물은 색이 꼭 데이비드 호크니의 그림 같았다. 잎 색상이 다채로웠다. 옅은 베이지색 바탕에 핑크색 무늬가 흐르고, 가장자리를 따라 초록색이 보였다. 물을 먼저 칠해 촉촉해진 종이 위에 수채화 물감을 올려 색이 번지듯 퍼져나간 모양새를 똑 닮았다. 이름도 모르는 그 나무가 마음에 들었다. 사무실에 두면 근무시간에만 볼 수 있으니, 더 오래 보고 싶은 마음에 집으로 옮겼다. 나도 후배처럼 내 차 앞 시트와 뒷좌석 시트 사이에 화분을 끼워 넣어 옮겼다.

　소파 앞에서 차 마실 때 사용하던 화이트 오크 원목 테이블을 거실 창 앞으로 끌고 와 나무 화분을 올리고 아침저녁으로 잎을 쓰다듬으며 돌봤다. 녀석은 돌돌 말린 루비색 새잎을 솟아 올렸다. 무탈하게 잘 자라는 식물이었다. 이사하며 해가 잘 드는 동남쪽 코너 앞으로 옮겨 주었다. 천천히 자라던 수채화 고무나무는 빛의 양이 맞는 곳을 만나 키다리 풍선 인형처럼 키가 세 배쯤 자랐다. 가지를 한 번 정리해 주었다. 미용실에서 머리를 자를 때처럼 화분을 돌려주며 삐죽 올라온 가지를 잘랐다. 전체 가지와 잎의 양을 100이라 하면 그중 20 정도는 잘라 정리해도 생명에 지장이 없다.

작년에 이사를 하며 수채화 고무나무를 작업실로 옮겨 주었는데 이동하는 과정에서 가지 하나가 반쯤 부러졌다. 놀라운 사실은 부러진 가지가 원 가지에 매달린 채 새 잎이 자란다는 것이다. 생명의 힘은 경이롭다. 고무나무는 매우 강한 나무라 잘 죽지 않는다. 흙이 축축한 걸 싫어하므로 실내에선 이렇게 물을 가끔 주어도 될까 싶을 만큼 부족하게 물을 주며 관리하는 편이 좋다.

참고로, 고무나무의 꽃말은 '변함없는 사랑, 영원한 행복'이다.

벵갈 고무나무 *Ficus benghalensis*

빛	반양지
온도	15~30도
습도	낮음~보통
난이도	쉬움
독성	흠집이 생기면 하얀 수액이 나오는데 염증을 유발하므로 주의할 것.
물 주기	흙 표면이 마르면 관수하고, 겨울에는 건조하게 유지한다. 여름엔 일주일에 한두 번 잎에 분무한다.
비료	봄부터 가을까지 2주에 한 번씩 종합 비료를 준다.
관리	벵갈 고무나무는 음이온 발생량이 아주 높은 식물이다. 음이온은 나무 주변에 머무는 성질을 가지고 있어 사람과 식물 사이의 거리가 가까울수록 좋다. 잎의 무늬를 선명하게 유지시키려면 햇빛의 양이 많은 게 좋다.

벵갈 고무나무가 눈에 들어왔다. 키는 2m에 가깝고, 잎은 손바닥만 했다. 잎 가장자리 쪽으로는 연두색이, 잎맥 쪽으론 초록색이 섞여 있었다. 잎 표면이 새벽 별처럼 반짝반짝했다. 나무줄기는 하나로 곧게 자라 있었다. 이런 줄기는 '외목대'라 부른다.

나무의 나이는 줄기를 보면 알 수 있다. 벵갈 고무나무 줄기의 지름은 집게손가락 길이에 달할 만큼 굵직했다. 오래 자란 나무일수록 외부 환경에 견디는 힘이 강하다. 사람으로 치면 어른인 셈이다.

줄기 끝엔 나뭇잎이 동그란 구름처럼 모여 자라고 있었고, 그 모습이 마치 손오공이 타고 다니는 근두운 같아 상상력을 자극했다. 수형이 예쁠수록 가격이 조금 더 높은 경향이 있다. 상층부의 동그란 작은 구름에 마음이 끌렸다. 하층부 화분도 둥근 느낌이 어울릴 것 같았다. 항아리 형태의 깊은 화분을 골랐다.

벵갈 고무나무는 처음 키워 보는 식물이었다. 집으로 데려와 반음지에 두고 화원의 가이드처럼 일주일에서 열흘마다 한 번씩 화분에 물을 주었다. 볼 때마다 기분이 몽글몽글해졌다.

한동안 사이좋게 잘 지냈는데, 큰맘 먹고 데려온 벵갈 고무나무가 잎 가장자리에 갈색 반점을 만들기 시작했다. 물 주기 간격이 안 맞나 싶어 한 달 정도 물을 말렸다. 그 사이 잎사귀가 한 장 두 장 떨어지기 시작했고, 날씨가 쌀쌀해지기 시작하던 가을 무렵에는 잎을 몽땅 떨구더니 다시는 틔우지 않았다.

식물 키우기에 어느 정도 자신이 붙고 있던 터라 토라져버린 벵갈 고무나무를 보곤 약이 올랐다. 그보다 작은 크기의 벵갈 고무나무 두 그루를 데려와 다시 키웠다. 물 주기 간격을 늘려 흙을 말리니 오히려 잘 자랐다. 나무가 너무 잘 자라 가지가 사방으로 뻗어나가 가지치기를 많이 해 주어야 했다. 가지치기한 잔가지들은 흙에 심어주면 뿌리를 내리고 또 자란다.

당장 화분에 심어줄 수 없다면 물병에 꽂아 주어도 된다. 물속에서 하얀 수염 같은 뿌리를 뻗는데, 뿌리가 나면 화분에 옮겨 심어도 충분하다. 수형이 아름답지 않다고 느낄 땐 가지를 모두 잘라 다시 화분에 심고 모체는 폐기하는 방법도 있다.

생명이 꺼진 식물과 흙은 종량제 봉투에 담아 폐기한다. 키가 크고 줄기가 굵은 나무를 큰 화분에 키웠으니 처치 곤란했다. 먼저 나무를 뽑고, 꽃삽으로 흙을 퍼 종량제 봉투에 옮겨 담았다. 50ℓ 한가득이었다. 흙의 무게 때문에 종량제 봉투가 구멍이 나는 경우가 종종 있으니 작은 봉투 여러 개에 나누어 담거나 불연재 폐기물 마대 자루에 담아 폐기한다.

나무도 비닐봉지 안에 들어갈 만한 크기로 잘라야 버릴 수 있다. 뿌리는 가위로 잘라 먼저 담고, 줄기를 정리했다. 굵은 줄기를 가위로 자르는 것은 턱도 없었다. 공구 박스에서 톱을 꺼내와 톱질을 해 몇 조각으로 나눠야 했는데, 애를 먹었다. 화분은 대형 폐기물 스티커를 붙여 버린다.

항아리 형태의 화분은 흙과 공기가 닿는 면적이 좁아 흙이 마르기 어렵다. 흙이 계속 축축하다고 느껴질 땐 화분 위쪽으로 선풍기를 틀어 계속 바람을 불어주면 흙이 마르기도 한다. 그래도 계속 축축할 땐 흙을 바꾸는 분갈이가 필요할 수도 있다.

벵갈 고무나무엔 흰깍지벌레나 총채벌레가 생길 수 있다. 벌레를 볼 때마다 물로 씻어 주거나 손으로 문질러 주면 개체수를 줄이는 데 도움이 된다.

실내에서 키울 경우 물을 한 달에 한 번 정도 주어도 괜찮다. 물을 줄 땐 수분을 충분히 머금을 수 있도록 페트병에 바늘구멍처럼 작은 구멍을 뚫고, 물이 방울방울 떨어지게 꽂아 주는 편이 좋다. 뿌리가 흙 위로 솟아오르거나 물구멍 아래쪽으로 나올 때 분갈이 시점이다. 벵갈 고무나무는 뿌리도 잘 자란다.

실내에서 식물을 키울 땐 통풍이 잘되지 않는다는 점을 꼭 기억해 두어야 한다. 바람이 없어 흙이 잘 마르지 않으니 차라리 물이 좀 부족한 듯 관리하는 편이 좋다.

TIP. 공기정화 효과를 누리는 공기정화식물의 양

인도의 환경운동가 카말미틀 박사는 연구를 통해 어깨 높이의 아레카야자 4그루, 허리 높이의 산세비에리아 6그루, 스킨답서스가 있으면 사람이 유리관 안에 들어가 있어도 생명을 유지할 수 있다고 밝혔다. 농촌진흥청 연구 결과에 따르면, 8평 거실을 기준으로 30㎝ 공기정화식물 10.8개, 60㎝ 공기정화식물 7.2개, 1m 정도 공기정화식물은 3.6개가 있으면 실질적인 공기 정화 효과를 누릴 수 있다.

모든 식물은 정화 능력을 가지고 있지만, 공기정화식물과 공기정화식물이 아닌 식물의 공기 정화 능력은 60배가량 차이 난다. 따라서 실내에선 공기정화식물 위주로 배치하면 보다 건강한 실내 환경을 만들 수 있다.

컬러를 즐기는 실내식물

꽃이 인간에게 주는 긍정적인 효과는 여러 가지가 있는데, 대표적인 것이 꽃의 색이 주는 컬러 테라피의 효과다. 빨간색은 체온과 혈압을 상승시키고 기력을 주며, 노란색과 주황색은 건강과 의욕을 주고, 초록색과 파란색 계통은 침착함과 평온함을 준다.

히포에스테스 필로스타키아 *Hypoestes phyllostachya*

빛	반양지, 밝은 곳
온도	21~25℃
습도	40~70%
난이도	쉬움
독성	없음
물 주기	봄, 여름, 가을에는 흙을 촉촉하게 유지하고(물에 잠기지 않도록 주의), 겨울에는 토양 표면이 말랐을 때 충분히 관수한다.
비료	봄부터 가을까지 2주에 한 번 정도 관엽식물용 비료를 준다.
관리	중간 이상 높은 광도(800~10,000 Lux)인 거실 창측이나 발코니에서 키운다. 빛의 양에 따라 무늬의 색과 크기가 달라진다. 빛이 적으면 마디가 길어져 식물이 엉성하게 보이는데, 이럴 땐 줄기를 자르며 키운다. 온도가 낮아지면 녹색이 많아진다.

히포에스테스는 쥐꼬리망초과에 속한 식물로, 열대 기후인 마다가스카르에서 자생한다. 녹색 바탕에 불규칙한 붉은 무늬를 갖고 있다. 무늬를 선명하게 보려면 빛이 많은 곳에 두고 키운다.

피토니아 레드스타 *Fittonia verschaffeltii 'Red Star'*

빛	반양지
온도	17~26도
습도	높은 습도를 좋아함
난이도	아주 쉬움
독성	없음
물 주기	흙을 촉촉하게 유지하되, 물이 많은 건 좋아하지 않는다. 잎이 노랗게 되는 것은 과습의 신호다. 매일 분무하거나 가습기를 쓴다.
관리	직사광을 피하고, 밝은 양지에서 키운다. 습도가 높을 때 건강하게 자란다. 따뜻하고 습기가 많은 장소를 좋아해 욕실이나 주방 근처에서 키우는 것을 추천한다.

피토니아 중 잎에 붉은빛을 띠는 식물을 '레드스타'라고 부른다. 음이온 발생량이 가장 많은 식물로 서재나 공부방 등 집중력이 필요한 장소에 두면 좋다. 높은 습도를 좋아하는 식물이다. 수분을 머금었다 내뿜는 증산작용도 활발해 실내 습도 조절에 도움을 준다.

포인세티아 *Euphorbia pulcherrima*

빛	반음지
온도	10~21도
습도	높은 습도를 좋아함
난이도	쉬움
독성	치명적이지 않으나 유액이 독성을 가지고 있음
물 주기	토양은 항상 촉촉하게 유지한다. 물을 받은 다음 10분 정도 담가 흙이 물을 충분하게 마시도록 한다.
비료	주지 않는다.
관리	추위에 약하다. 온도가 낮으면 잎이 떨어진다. 잎에 상처가 날 때

나 잎이 떨어질 때엔 흰색 수액이 나오는데 피부나 눈에 닿으면 염증의 원인이 되므로 주의가 필요하다. 봄부터 여름에 줄기 끝을 잘라 흙에 꽂으면 번식한다.

아래쪽 잎은 초록이고, 위로 갈수록 새빨간 잎이 꽃처럼 피어나는 포인세티아는 크리스마스 시즌에 사랑받는 식물이다. 점점 잎의 색상이 초록색으로 변하는데, 빨간색 잎을 보려면 성장기에 2개월 이상 밤에 빛을 보지 않아야 한다.

크로톤 *Codiaeum variegatum*

빛	반양지
온도	15–25도
습도	높은 환경을 좋아함
난이도	높음
독성	잎, 꽃, 뿌리 등 모든 부위에 독성이 있다.
물 주기	봄부터 가을까지 흙을 촉촉하게 유지하고, 겨울에는 표면이 마르면 물을 준다. 받침에 자갈을 담은 다음 물을 부어 항상 촉촉하게 유지하고, 잎에는 분무하지 않는다.
비료	봄부터 가을까지 2주에 한 번씩 관엽식물용 비료를 준다.
관리	높은 습도와 따뜻한 곳을 좋아한다. 집안에선 창이 있는 욕실이 가장 적합하다. 섭씨 15도 아래로 내려가지 않도록 한다. 모든 부위에 독성이 있으므로 가지치기 할 땐 장갑을 낀다. 난방기의 바람과 외풍 모두 피하는 편이 좋다.

크로톤은 실내식물 중 노란 잎을 볼 수 있는 거의 유일한 식물이다. 워낙 따뜻하고 촉촉한 곳을 좋아하는 데다, 잎이 건조하면 벌레가 잘 생기므로 습도를 높여준다. 식물이 있는 곳에 가습기를 튼다면 크로톤 바로 옆자리에 두도록.

메리골드 *Tagetes erecta*

빛	양지
온도	10-23도
습도	낮음
난이도	어려운 편
독성	독성이 없다.
물 주기	양지 바르고 약간 건조한 곳에서는 어디서나 잘 자란다. 물은 적은 듯 주어야 하며 꽃엔 물이 닿지 않는 게 좋다.
비료	봄부터 가을까지 일주일에 한 번씩 종합 비료를 준다.
관리	서늘한 곳을 좋아한다. 장마가 오기 전 꽃을 보고, 장마가 시작되기 전 꽃을 포함해 싹의 윗부분을 순지르기 해 준다. 장마가 가고 서리가 오기 전까지 꽃을 볼 수 있다.

메리골드는 노란색과 주황색 꽃을 피운다. 빛이 충분하면 초여름부터 서리 내리기 전까지 계속 꽃을 피우기 때문에 '만수국' 또는 '천수국'이라 불린다. 서늘한 곳을 좋아하는 식물이라 여름에 30도 이상 되면 꽃이 피지 않는다. 메리골드는 텃밭에 작물과 함께 섞어 심으면 벌레를 쫓는다. 잎을 차로 마실 수 있다.

베고니아 *Begonia*

빛	반양지에서 반음지
온도	15~22도
습도	중간
난이도	아주 쉬움
독성	뿌리에 독성이 있다.
물 주기	봄부터 가을까지 흙을 촉촉하게 유지하고, 겨울에는 표면이 마르면 물을 준다. 받침에 자갈을 담은 다음 물을 부어 항상 촉촉하게 유지하고, 잎에는 분무하지 않는다.
비료	늦봄에서 초가을까지 질소 비료를 2주에 한 번씩 준다.
관리	뿌리보다 약간 넉넉한 크기의 화분에 심는다. 반양지나 반음지에 두고 키운다. 건조한 걸 싫어하므로 난방기에선 멀리 떨어뜨려 둔다.

베고니아는 대부분 베고니아 렉스 종에서 파생했다. 초록색 잎과 은색 잎이 달팽이 집처럼 뱅뱅 뱀도는 '베고니아 에스카르고', 잎에 물방울처럼 하얀 도트가 있는 '베고니아 마큘라타' 등이 있다. 베고니아는 잎으로 번식하는 식물이다. 잎맥을 따라 잘라 흙에 심으면 새로운 개체로 성장한다. 공기정화식물이다.

백량금 *Ardisia crenata*

빛	반음지
온도	13~25도, 15도 정도의 서늘한 온도를 좋아한다.
습도	높음
난이도	쉬움
독성	열매에 독성이 있다.
물 주기	높은 습도와 물을 좋아하지만 과습은 싫어한다. 물 빠짐이 좋은 흙에서 기른다. 물은 흙이 말랐을 때 듬뿍 준다. 여름에는 이틀에 한 번 정도 물을 준다.
비료	봄부터 가을까지 종합 액체 비료를 희석해 2주에 한 번 준다.
관리	건조하면 잎에 깍지벌레, 솜깍지벌레가 잘 생기니 자주 분무해 준다.

휘발성 유기화합물을 잘 제거하고, 음이온 방출 능력이 뛰어난 식물이다. 빨간 열매를 풍성하게 맺는다. 빨간 열매는 심으면 싹을 틔워 새로운 개체로 자라난다. 빛이 적어도 잘 자라므로 실내식물로 적합하다.

사랑초 *Oxalis triangularis* subsp. *papilionacea*

빛	반음지
온도	15~21도
습도	낮음
난이도	쉬움
독성	잎, 꽃, 뿌리 등 모든 부위에 독성이 있다.
물 주기	흙 표면이 말랐을 때 물을 준다. 가을에 잎이 말라 떨어지기 시작하면 물 주기를 멈춘다. 겨울 동안 휴면기에 들어간다. 죽은 것처럼 보이지만 4~6주 후에 다시 물을 주기 시작하면 새 잎이 나온다.
비료	봄에서 늦여름까지 한 달에 한 번씩 종합액체비료를 준다.
관리	사랑초는 구근 식물이다. 알뿌리를 흙 아래 5cm쯤 깊이 심는다. 봄부터 가을까지 직사광이 닿지 않도록 한다.

괭이밥과의 식물로, 존재감이 큰 식물이다. 공중에 자주색 나비가 날아다니는 것 같은 장관을 연출한다. 밤에는 잎을 접었다가 낮에는 펼치는 성질이 있어, 보는 즐거움도 있다. 봄부터 여름까지 흰색 또는 분홍색의 작은 별 모양 꽃이 핀다. 낮은 화분에 풍성하게 키우는 게 멋있다.

거베라 *Gerbera jamesonii*

빛	양지/반양지
온도	13~24도
습도	중간
난이도	아주 쉬움
독성	없음
물 주기	봄부터 여름 사이엔 촉촉하게 유지한다. 과습은 싫어한다. 겨울엔 흙이 말랐을 때 준다.
비료	봄부터 늦가을까지 종합 비료를 2주에 한 번씩 준다.
관리	서늘하고 바람이 많은 곳을 좋아한다. 직사광에 두지 말 것.

거베라는 꽃꽂이에서 중심 볼거리로 사용하는 존재감 있는 꽃이다. 빨강, 주황, 노랑, 분홍, 흰색 등 다양한 색상이 있고, 절화 상태로도 꽃을 오래 볼 수 있다. 주로 여름에 꽃을 피우지만, 국화과 식물 특유의 강인함으로 조건이 맞으면 일 년 내내 꽃을 피운다. 거베라는 유해화합물질을 잘 제거하는 공기정화식물이기도 하다.

제라늄 *Pelargonium inquinans*

빛	양지/반양지
온도	7~25도
습도	낮음
난이도	쉬움
독성	드물게 피부염을 유발한다.
물 주기	봄부터 여름까지 흙 표면이 마르면 준다. 잎과 꽃에는 물이 닿으면 썩기 때문에 물이 닿지 않도록 한다. 겨울에는 흙이 거의 말라 있게 물을 준다.
비료	봄에는 종합 액체 비료를 2주에 한 번, 여름에는 고농도 칼륨 비료를 준다.
관리	물 빠짐이 좋은 환경을 좋아하는 식물로 흙에 모래를 섞어주면 잘 자란다. 초봄에 가지치기를 한다.

제라늄은 잎을 문지르면 향기가 난다. 가장 강한 향기를 가진 제라늄은 로즈 제라늄으로, 이 향기는 모기와 파리를 쫓는 효과가 있다. 벌레를 쫓는다고 해서 구문초라 불리기도 한다. 실내식물 사이에 로즈제라늄*Pelargonium capitatum* (L.) Aiton 화분을 섞어 두면 친환경적으로 해충을 퇴치할 수 있다. 지중해 지역에선 창틀마다 제라늄을 올려 모기를 쫓는다. 실내에서 꽃을 오래 볼 수 있는 고마운 식물이다.

질감을 표현하는 식물

질감은 조형미를 이루는 기본 요소 중 하나로, 사물의 표면에서 느껴지는 시각적, 촉각적 성질을 말한다. 식물은 잎의 모양, 광택, 색상을 통해 다양한 질감을 표현하고 있다. 동글동글한 청옥, 낭창낭창한 아스파라거스 나누스, 튼튼하게 뻗어 나가는 립살리스를 보면 실내에서도 정원의 자연스러움과 아름다움이 느껴진다.

에케베리아 *Echeveria*

빛	양지/반양지
온도	10~30도
습도	낮음
난이도	쉬움
물 주기	봄부터 가을까지 흙 표면이 말랐을 때 물을 준다. 선인장처럼 한 달에 한 번 정도 물을 주며 키운다.
비료	봄부디 가을까지 물을 줄 때미디 종합 비료를 준다.
관리	모래를 섞어 물 빠짐 좋게 키운다.

에케베리아는 다육이를 생각하면 가장 먼저 떠오르는 정도로 대표적인 식물이다. 왁스를 바른 것처럼 반들반들한 질감을 가졌다. 잎이 수련이나 연꽃처럼 가운데를 중심으로 바깥 쪽으로 층층이 펴지는 형태를 띠고 있는데, 이런 형태를 로제트 형이라 부른다. 빛이 충분하면 꽃대를 올린다. 어린 싹을 떼어내 심으면 또 다른 개체로 성장한다.

청옥 *Sedum burrito*

빛	양지/반양지
온도	10~26도
습도	낮음
난이도	쉬움
독성	없음
물 주기	봄부터 가을까지 흙 표면이 말랐을 때 물을 준다. 선인장처럼 한 달에 한 번 정도 물을 주며 키운다.
비료	봄부터 가을까지 물을 줄 때마다 종합 비료를 준다.
관리	모래를 섞어 물 빠짐 좋게 키운다.

매트한 질감의 청옥 줄기는 작은 구슬 같은 잎이 모여 있다. 잎이 잘 떨어지므로 옮길 때 주의해야 한다. 잎이 떨어졌다면 버리지 말고 흙 위에 올려놓자. 금세 뿌리를 내리고 자란다. 청옥은 머금고 있는 수분의 양이 많아 무게가 상당하다. 행잉 플랜트로 키울 땐 고정 장치를 단단하게 할 것.

립살리스(겨우살이 선인장) *Rhipsalis baccifera*

빛	반양지
온도	10~30도
습도	낮음
난이도	쉬움
물 주기	봄부터 가을까지 흙 표면이 말랐을 때 물을 준다. 선인장처럼 한 달에 한 번 정도 물을 주며 키운다.
비료	봄부터 가을까지 물을 줄 때마다 종합 비료를 준다.
관리	모래를 섞어 물 빠짐 좋게 키운다.

굵은 라인으로 늘어지는 독특한 잎이 매력적이다. '립살리스'라는 이름으로 유통된다. 빛이 충분하면 잎이 풍성하고 탐스럽다. 잘라낸 줄기를 흙에 심으면 또 다른 개체로 자란다.

알로에 *Aloe vera*

빛	반양지
온도	10~27도
습도	낮음
난이도	아주 쉬움
독성	잎에 독성이 있다. 장기간 복용은 권장하지 않는다.
물 주기	봄부터 가을까지 흙 표면이 말랐을 때 물을 준다. 선인장처럼 한 달에 한 번 정도 물을 주며 키운다.
비료	봄부터 가을까지 물을 줄 때마다 종합 비료를 준다.
관리	모래를 섞어 물 빠짐 좋게 키운다.

알로에는 키우기 쉬운 식물이다. 물은 아주 가끔 한 번씩 주면 되고, 수형이 멋있다. 알로에는 밤에 광합성을 해 산소를 뿜어낸다. 알로에의 즙은 피부를 진정시키는 작용이 있어 화장품 원료로 사랑받는다.

산세비에리아 *Sansevieria trifasciata*

빛	반음지
온도	15~23도
습도	낮음
난이도	아주 쉬움
물 주기	봄부터 가을까지 흙 표면이 말랐을 때 물을 준다. 선인장처럼 한 달에 한 번 정도 물을 주며 키운다.
비료	봄부터 가을까지 물을 줄 때마다 종합 비료를 준다.
관리	모래를 섞어 물 빠짐 좋게 키운다.

산세비에리아는 넓적하고 길쭉한 구두주걱 같이 생겼다. 플랜테리어에서 세로 라인을 강하게 잡아야 할 때 사용하면 좋다. 밤에 산소를 내뿜는 공기정화식물로 관리가 정말 편하다. 크게 신경 쓰지 않아도 잘 자란다. 줄기를 잘라 물꽂이를 하면 뿌리를 내린다.

보스턴 고사리 *Nephrolepis exaltata*

빛	반양지/반음지
온도	12~24도
습도	중간
난이도	아주 쉬움
물 주기	봄부터 가을까지는 흙 표면이 말랐을 때 관수하고, 겨울엔 물을 줄인다. 잎엔 자주 분무해 준다. 자갈을 깐 받침 위에 두고, 자갈이 물에 잠기도록 해 촉촉하게 유지한다.
비료	봄부터 가을까지 4주에 한 번씩 종합 비료를 준다.
관리	직사광을 피한다.

보스턴 고사리는 미역 줄기에 칼집을 넣은 것 같은 모양으로 자란다. 플랜테리어에서 풍성하게 연출하고 싶을 때 사용하면 좋은 식물이다. 고생대부터 살았던 식물로 생명력이 매우 강하다. 잎이 갈색이 되지 않도록 촉촉하게 관리하면 된다. 포름알데히드 제거 능력이 뛰어난 공기정화식물이다.

에버잼 고사리(큰봉의꼬리) *Pteris cretica*

빛	반양지/반음지
온도	12~24도
습도	중간
난이도	아주 쉬움
물 주기	봄부터 가을까지는 흙 표면이 말랐을 때 관수하고, 겨울엔 물을 줄인다. 잎엔 자주 분무해 준다. 자갈을 깐 받침 위에 두고, 자갈이 물에 잠기도록 해 촉촉하게 유지한다.
비료	봄부터 가을까지 4주에 한 번씩 종합 비료를 준다.
관리	직사광을 피하고 습도가 높은 곳에 둔다. 시든 잎은 바로바로 잘라 준다.

화단에서 자유롭게 뻗어나가는 느낌을 살짝살짝 연출하고 싶을 때 에버잼 고사리가 제격이다. 새잎과 다 자란 잎의 모양이 달라 하나의 식물에서 여러 가지 표정이 나타난다. 식물을 모아 화단으로 연출할 때 입체감을 풍부하게 해 준다.

아스파라거스 나누스 *Asparagus setaceus*

빛	반양지/반음지
온도	12~24도
습도	낮음
난이도	아주 쉬움
독성	있음
물 주기	봄부터 가을까지는 흙 표면이 말랐을 때 관수하고, 겨울엔 물을 줄인다. 잎엔 자주 분무해 준다.
비료	봄부터 가을까지 4주에 한 번씩 종합 비료를 준다.
관리	직사광을 피하고 습도가 높은 곳에 둔다. 시든 잎은 바로바로 잘라 준다.

아스파라거스 나누스로 유통되는 이 식물의 학명은 아스파라거스 세타세우스다. 가까이에서 관찰한 잎은 눈송이 결정 같은 모양새다. 실내 가드닝에서 화단을 구성할 때 흙을 가리는 지피 식물로 사용하기 좋다. 섬세한 모양새와 달리 무탈하게 잘 자라는 편이다. 잎에 분무를 해서 촉촉하게 해 주는 게 좋다. 줄기 중간에 날카로운 가시가 있으니 다룰 때 주의할 것.

아스파라거스 미리오클라두스 *Asparagus umbellatus*

빛	반양지/반음지
온도	12~24도
습도	낮음
난이도	아주 쉬움
독성	있음
물 주기	봄부터 가을까지는 흙 표면이 말랐을 때 관수하고, 겨울엔 물을 줄인다. 잎엔 자주 분무해 준다.
비료	봄부터 가을까지 4주에 한 번씩 종합 비료를 준다.
관리	직사광을 피하고 습도가 높은 곳에 둔다. 시든 잎은 바로바로 잘라 준다.

아스파라거스 미리오클라두스로 더 익숙하며, 학명은 아스파라거스 움벨라투스다. 몽글몽글하게 피어나는 구름 같은 잎을 가졌다. 공간을 넉넉하게 채우는 식물로 사용하면 좋다. 녹색 구름이 떠있는 듯한 낭만적인 분위기를 만든다. 행잉 바스켓에 풍성하게 키울 수 있다.

떡갈잎 고무나무 *Ficus lyrata*

빛	반양지
온도	15~24도
습도	낮음
난이도	아주 쉬움
독성	수액이 염증을 일으킨다.
물 주기	봄부터 가을까지는 흙 표면이 말랐을 때 관수하고, 겨울엔 물을 줄인다. 잎엔 자주 분무해 준다.
비료	봄부터 가을까지 4주에 한 번씩 종합 비료를 준다.
관리	직사광을 피하고, 시든 잎은 바로바로 잘라준다.

비파 잎을 닮은 떡갈잎 고무나무는 인테리어 디자이너들이 좋아하는 식물이다. 사람은 본능적으로 유선형을 좋아하므로, 어느 장소에나 무난하게 어울린다. 플랜테리어의 중심으로 큰 떡갈잎 고무나무를 써도 좋다. 반들반들 윤이 나는 떡갈잎 고무나무의 새잎은 정말 너무 예쁘다.

향을 즐기는 실내식물

식물의 초록색은 보기만 해도 마음 에너지가 충전된다. 사람들이 틈만 나면 자연을 찾아 나서는 이유다. 나뭇가지 사이로 고개를 빼꼼 내민 꽃은 녹음과는 다른 행복감을 선물해 준다. 예로부터 성인과 선지자, 치유자, 현자들은 꽃을 가까이 해 왔다.

꽃과 식물이 내뿜는 향기는 항균 물질을 품고 있어 면역력을 높이고 치유를 돕는다. 아로마테라피다. 살아 있는 꽃이 주는 색과 향을 만날 수 있는 실내식물을 소개한다.

꽃치자 *Gardenia jasminoides* var. *radicans*

빛	반양지
온도	16~24도
습도	높음
난이도	아주 쉬움
독성	잎, 꽃, 뿌리 등 모든 부위에 독성이 있어 반려동물에게 해롭다.
물 주기	봄부터 가을까지는 배양토를 촉촉하게 유지한다. 겨울에는 흙 표면이 말랐을 때 관수하고, 잎엔 자주 분무해 준다. 꽃에는 물이 닿지 않는 게 좋다. 자갈을 깐 받침 위에 두고, 자갈이 물에 잠기도록 해 촉촉하게 유지한다.
비료	봄부터 늦여름까지 2주에 한 번씩 산성 식물용 비료를 준다.
관리	철쭉 배양토를 사용하면 좋다. 직사광이 들지 않는 밝은 곳에 둔다.

꽃치자는 하얗고 큼지막한 꽃을 피운다. 꽃에선 달콤한 향기가 난다. 따뜻한 기후에서는 크게 자라지만 우리나라 실내에선 60cm 이상 자라기 힘들다.

마다가스카르재스민 *Stephanotis floribunda*

빛	반양지
온도	15~25도
습도	낮음
난이도	아주 쉬움
독성	잎, 꽃, 뿌리 등 모든 부위에 독성이 있어 반려동물에게 해롭다.
물 주기	꽃이 피는 동안엔 흙을 촉촉하게 유지하고, 겨울엔 서늘한 곳에서 건조하게 유지한다.
비료	봄부터 가을까지 고농도 액체 칼륨 비료를 2주에 한 번씩 준다.
관리	직사광을 피하고, 반양지에서 키운다. 실내, 온실, 빛이 드는 욕실에서 키우는 꽃 피는 덩굴식물로, 지지대가 필요하다. 계절에 상관없이 가지를 잘라 흙에 꽂아 번식한다.

열대산 덩굴 식물로 가죽 질감의 타원형 잎이 줄기를 중심으로 마주보고 자라고, 윤기 나는 흰 꽃은 관 모양이며 향기가 난다.

파피라케우스 수선화 *Narcissus Papyraceus*

빛	반양지
온도	-15~20도
습도	낮음
난이도	쉬움
독성	잎, 꽃, 뿌리 등 모든 부위에 독성이 있다.
물 주기	알뿌리를 심고 물을 준 다음 겨울엔 마른 상태로 그냥 둔다. 새싹이 나고 꽃이 피기 시작하면 물을 준다.
비료	꽃이 핀 다음 2주에 한 번씩 종합 액체 비료를 준다.
관리	넓고 얕은 화분에 자갈을 한 켜 깔고, 그 위를 배양토 2, 마사토 1의 비율로 섞어 덮는다. 햇빛이 잘 드는 창가를 좋아한다.

네덜란드에는 4대째 수선화를 재배하는 농가가 있다. 그만큼 수요와 공급이 많은 식물이다. 이른 봄 풍부한 향기로 봄의 시작을 알린다. 수선화 중 가장 부드럽고 향기로운 종류는 파피라케우스 수선화다.

히아신스 *Hyacinthus orientalis*

빛	반양지
온도	-15~20도
습도	낮음
난이도	아주 쉬움
독성	잎, 꽃, 뿌리 등 모든 부위에 독성이 있다.
물 주기	물을 주고, 물이 빠지도록 둔다. 새싹이 나기 시작하고 꽃이 피면 계속 촉촉한 상태를 유지하고, 겨울엔 습기가 있는 정도로 관리한다. 물이 많으면 죽는다.
비료	비료는 해초 용액 비료를 2주에 한 번씩 주거나, 주지 않아도 좋다. 꽃이 진 다음, 구근을 키울 수는 있지만 다시 꽃을 피우기는 힘들기 때문이다. 버리거나 땅에 옮겨 심는다. 집집마다 환경에 따라 다르니 시도해 보고 결정한다.
관리	초가을 뾰족한 부분이 위로 가게 한 다음 윗부분만 흙 바깥으로 살짝 보이도록 심는다. 배양토와 마사토를 2:1로 섞어 쓰면 좋다.

봄에 꽃을 피우는 히아신스는 향기가 풍부하고 색상이 다양하다. 히아신스 알뿌리를 가을에 화분에 심으면 몇 달 뒤 파랑, 보라, 하양, 분홍, 빨강 등 다양한 색의 꽃을 피운다. 수선화, 히아신스, 튤립, 알리움 같은 구근식물은 겨울 추위를 견뎌야 꽃을 피운다.

거미란 *Brassia*

빛	반양지
온도	12~24도
습도	높음
난이도	아주 쉬움
독성	거의 없음
물 주기	봄과 여름엔 흙이 마르면 준다. 화분을 30분 정도 물에 담갔다가 빼 준다. 수돗물보단 빗물이나 증류수를 주면 생장에 더 유리하다. 꽃이 피는 동안 잎에 매일 분무한다. 가습기를 틀어주거나 자갈을 깐 받침 위에 두고, 자갈이 물에 잠기도록 해 흙을 촉촉하게 유지한다. 겨울에는 건조하게 관리한다.
비료	봄부터 늦여름까지 꽃이 피는 기간엔 난초 전용 비료를 준다. 물 주기 두 번에 비료 한 번 정도 주는 게 좋다.
관리	난초 전용 흙을 쓴다. 난초 종류는 화분이 큰 걸 좋아하지 않으니 좁게 관리할 것. 성장이 완전히 멈출 때 분갈이 해 준다.

거미란은 난의 한 종류로, 꽃의 모양이 거미를 닮아 붙여진 이름이다. 길고 가느다란 것이 꽃잎이고, 점박이 무늬, 갈색 혹은 적갈색 줄무늬를 갖고 있다. 향은 달콤하고 강렬하다. 꽃 피우는 시기는 늦봄에서 여름 사이.

학자스민 *Jasminum polyanthum*

빛	반양지
온도	10~24도
습도	낮음(꽃이 있는 동안은 높음)
난이도	아주 쉬움
독성	거의 없음
물 주기	꽃이 피는 동안 토양을 촉촉하게 유지하고 마르지 않도록 한다. 가습기를 틀어주거나 자갈을 깐 받침 위에 두고, 자갈이 물에 잠기도

비료	록 해 흙을 촉촉하게 유지한다. 나머지 기간엔 물을 적게 준다. 봄부터 가을까지 2주에 한 번씩 종합 액체 비료 또는 관엽식물용 복합비료를 준다.
관리	딱 맞는 화분을 쓰고, 배양토에 약산성을 띠는 펄라이트를 섞어 주면 더 잘 자란다. 더운 곳을 싫어하므로 난방을 피한다. 꽃이 지면 과감하게 가지치기를 해 준다. 봄부터 여름까지 새로 나온 가지를 흙에 잘라 심으면 뿌리를 새로 잘 내린다.

학자스민은 겨울부터 봄까지 꽃이 피며 달콤한 향기를 풍기는 귀한 식물이다. 빛이 잘 드는 서늘한 곳에 두면 꽃이 오래 간다. 분홍색 봉오리에서 하얀 꽃을 피운다.

시클라멘 *Cyclamen persicum*

빛	반음지
온도	16~22도
습도	낮음
난이도	아주 쉬움
독성	거의 없음
물 주기	직접 물을 주지 말고, 화분을 물속에 담가 10분 정도 두는 저면 관수법을 사용한다. 반드시 토양이 말랐는지 확인한 다음 물을 주고, 서늘할 때는 물 주기 간격을 늘인다.
비료	주지 않는다.
관리	직사광은 피하고 밝은 간접광이 있는 곳에서 키운다. 시클라멘의 꽃이 시들면 바로 제거해 주는 게 좋다. 꽃이 진 다음엔 휴면기에 들어가므로 베란다에 두고 건조하게 기른다. 8도 미만으로 내려가지 않도록 한다. 분갈이를 한다면 가을에 해 주는 것이 좋다.

시클라멘은 가을부터 봄까지 꽃이 피는 공기정화식물이다. 실내식물로 가장 많이 이용되는 품종은 persicum이고, 향기가 난다. 꽃 색상은 흰색, 분홍색, 빨간색, 자주색 등 다양하고, 잎엔 은색 무늬가 있다. 산악지대에 살던 꽃으로 서늘하고 바람이 잘 통하는 곳을 좋아한다.

양골담초 *Cytisus scoparius*

빛	양지/반양지
온도	15~23도
습도	낮음
난이도	높음
독성	잎, 꽃, 뿌리 등 모든 부위에 독성이 있다.
물 주기	겉흙이 마르면 듬뿍 준다. 꽃을 피우는 기간엔 물을 매일 준다.
비료	주지 않는다.
관리	물 빠짐이 좋은 흙에 키운다. 흙에 모래를 많이 섞어 준다. 잔가지가 많이 생기는 식물로, 꽃이 진 다음 가을까지 수시로 가지를 치고 순을 질러 준다.

유통명 '애니시다'로 불린다. 높이 2~3m까지 자라는 식물로, 초봄부터 초여름까지 노란 꽃을 피우며 레몬향 비슷한 상큼한 향기를 퐁퐁 풍긴다. 외국에서는 잡초 취급을 받을 정도로 번식력이 강하다. 물을 좋아하는 편이라 저면 관수해서 키워도 좋다.

로즈메리 *Rosmarinus officinalis*

빛	양지
온도	15~25도
습도	보통
난이도	보통(실내에서는 어려움)
독성	없음
물 주기	약간 마른 듯하게 물을 주되, 흙을 말리지 않도록 주의한다.
비료	주지 않는다.
관리	햇빛이 잘 들고 물이 잘 빠지는 흙에서 키운다. 초여름, 새로 자란 가지를 손가락 한 개 정도의 길이로 잘라 화분에 꽂으면 뿌리가 자란다. 가지를 잘라 그늘에 말리면 천연 방충제가 된다. 옷장이나 서랍장에 넣어두면 벌레가 사라진다.

로즈메리는 실내에서 키우기엔 난이도가 있지만, 특유의 향이 매력적일 뿐 아니라 식재료로 사용할 수 있다. 스테이크를 구울 때 기름에 로즈메리 한 줄기를 넣어 향을 우린 다음 조리하면 풍미가 좋다. 항균, 살균 작용이 뛰어난 식물로, 물 빠짐이 좋은 흙에서 키운다. 로즈메리 잎을 손으로 문지르면 향이 손에 묻어 오래간다.

라벤더 *Lavandula angustifolia*

빛	양지
온도	15~25도
습도	낮음
난이도	아주 쉬움(실내에서는 어려움)
독성	없음
물 주기	흙이 마르면 물을 듬뿍 준다.
비료	주지 않는다.
관리	배수가 잘 되는 모래 흙에서 키운다. 햇빛을 많이 받게 한다.

실내에서 키우긴 조금 난이도가 있지만 라벤더도 향을 즐길 수 있다. 라벤더를 잘 키우려면 뿌리가 잘 호흡할 수 있도록 숨구멍이 살아 있는 토분에 키우고, 선풍기나 서큘레이터를 틀어주면 성공 확률을 높일 수 있다. 흙이 촉촉하되 젖어 있는 건 싫어한다. 환기가 잘 되어야 건강하게 자란다. 라벤더는 허브류 중 포름알데히드를 가장 잘 제거하는 식물이다. 상업 공간엔 라벤더 향이 잘 퍼지도록 하자. 손님이 많아진다고 한다.

시선을 사로잡는 개성 있는 식물

다국적 식물의 유통이 활발해진 덕분에 필로덴드론, 알로카시아, 아랄리아 등 개성 있는 식물들이 등장했다. 뚜렷한 잎맥, 넥타이처럼 길거나 하트처럼 풍성한 이파리, 물감으로 콕 찍은 듯한 도트 무늬 등 다양한 개성을 뽐낸다. 플랜테리어에서 중심을 잡아주는 표정을 만들 수 있는 식물로 소개한다.

필로덴드론 마요이 *Philodendron Mayoi*

빛	반양지
온도	15~27도
습도	높음
난이도	쉬움
독성	모든 부분에 독성이 있음
물 주기	봄부터 가을까지는 촉촉하게 유지하고, 겨울엔 흙이 말랐다고 느껴질 때에만 준다.
비료	한 달에 한 번 정도 액체 비료를 준다.
관리	배수가 잘 되는 흙에서 키운다.

마요이의 어린잎은 뭉툭한 단풍잎처럼 자라지만 다 자란 잎은 길쭉하게 갈라진다. 리넨 원피스처럼 빳빳하고 세련된 느낌으로 바람에 잎이 흔들거린다. 필로덴드론 마요이는 공기는 따뜻하게, 잎은 촉촉하게 관리할 때 잘 자라고, 필로덴드론 종류는 모두 포름알데히드와 일산화탄소 제거 능력이 뛰어난 공기정화식물이다.

필로덴드론 셀로움 *Philodendron selloum*

빛	반양지
온도	15~27도
습도	높음
난이도	쉬움
독성	모든 부분에 독성이 있음
물 주기	봄부터 가을까지는 촉촉하게 유지하고, 겨울엔 흙이 말랐다고 느껴질 때에만 준다.
비료	한 달에 한 번 정도 액체 비료를 준다.
관리	배수가 잘 되는 흙에서 키운다.

필로덴드론 셀로움은 '필로덴드론 셀륨', '필로덴드론 셀렘'이라는 이름으로 유통이 되고 있다. 뿌리에서 줄기가 뻗어 나오고, 잎에선 시원한 향기가 풍긴다. 잎 가장자리 부드러운 톱니 모양의 요철이 아름다워 인기 있는 식물. 부피를 많이 차지하는 만큼 존재감이 있다. 책장 위, 장식장 위에 올려 키우면 초록 구름이 뜬 것처럼 보인다.

필로덴드론 플로리다 뷰티 *Philodendron Pedatum*

빛	반양지
온도	15~27도
습도	높음
난이도	쉬움
독성	모든 부분에 독성이 있음
물 주기	봄부터 가을까지는 촉촉하게 유지하고, 겨울엔 흙이 말랐다고 느껴질 때에만 준다.
비료	한 달에 한 번 정도 액체 비료를 준다.
관리	배수가 잘 되는 흙에서 키운다.

필로덴드론 플로리다 뷰티로 유통되며, 학명은 필로덴드론 페다튬이다. 날렵하고 길쭉한 느낌의 잎이 매력적이며, 와이셔츠 단추를 모두 잠그고 넥타이를 맨 듯한 단정함이 있다. '페다튬'보다 유통명인 '플로리다 뷰티'로 알려져 있다. 잎은 손바닥만 한 크기지만, 화분에 수태봉을 꽂아주면 공중 뿌리가 타고 올라가며 잎이 더 크게 자란다. 지지대가 있으면 식물이 가지고 있는 에너지를 잎을 풍성하게 만드는 데에 사용할 수 있기 때문이다(사진은 일명 '필로덴드론 플로리다 뷰티 바리에가타').

알로카시아 프라이덱 *Alocasia micholitziana 'Frydek'*

빛	반음지
온도	18~25도
습도	높음
난이도	어려움
독성	모든 부분에 독성이 있음
물 주기	흙이 마르면 물을 듬뿍 준다.
비료	나무 껍질, 배양토, 모래를 같은 비율로 섞어 심는다.
관리	배수가 잘 되는 모래 흙에서 키운다. 햇빛을 많이 받게 한다.

알로카시아 프라이덱은 줄기를 따라 정방형으로 잎을 뻗고, 위로 자라는 수형을 가졌다. 잎의 크기가 커 플랜테리어의 중심을 잡는 식물로 활용하기 좋다. 하나하나의 식물을 아름답게 키우는 플랜테리어 인플루언서 그린티카(인스타그램 계정@greentica)의 화분 수십 개가 자리 잡고 있는데, 그중 알로카시아 프라이덱이 단연 눈에 띈다.

알로카시아 아마조니카 *Alocasia × amazonica*

빛	반음지
온도	18~25도
습도	높음
난이도	어려움
독성	모든 부분에 독성이 있음
물 주기	흙이 마르면 물을 듬뿍 준다.
비료	나무껍질, 배양토, 모래를 같은 비율로 섞어 심는다.
관리	배수가 잘 되는 모래 흙에서 키운다. 햇빛을 많이 받게 한다.

 크고 선명한 잎과 무늬 덕분에 알로카시아는 마니아 층이 두텁다. 잎맥이 마치 거북이 등이나 코끼리 귀 같은 느낌이 있다. 잎 앞면은 짙은 녹색, 뒷면은 보라색, 잎맥은 은색을 띤다. 알로카시아 잎의 가장자리는 율슬처럼 넘실거린다. 잎은 삼각형에 가까워 여러 가지 보는 즐거움을 주는 식물이다.

알로카시아 잭클린 *Alocasia tandurusa*

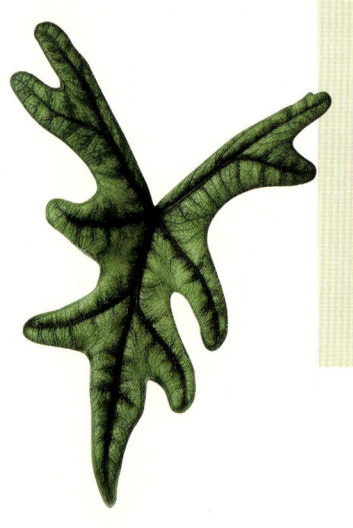

빛	반음지
온도	18~25도
습도	높음
난이도	어려움
독성	모든 부분에 독성이 있음
물 주기	흙이 마르면 물을 듬뿍 준다.
비료	나무껍질, 배양토, 모래를 같은 비율로 섞어 심는다.
관리	배수가 잘 되는 모래 흙에서 키운다. 햇빛을 많이 받게 한다.

 유통명 '알로카시아 잭클린'의 학명은 알로카시아 탄두

루사다. 잎 표면은 광택이 없고 가죽처럼 두꺼운 느낌이다. 잎 끝이 뾰족하고 날렵해 질감과 대비되는 모양이 새롭다. 잎맥은 가지처럼 보라색이 보이고, 줄기는 흰색인데 얼룩무늬가 있다. 한 개체 안에서 다양한 질감과 색을 즐길 수 있는 식물이다.

디지고데카 아랄리아 *Dizygotheca elegantissima*

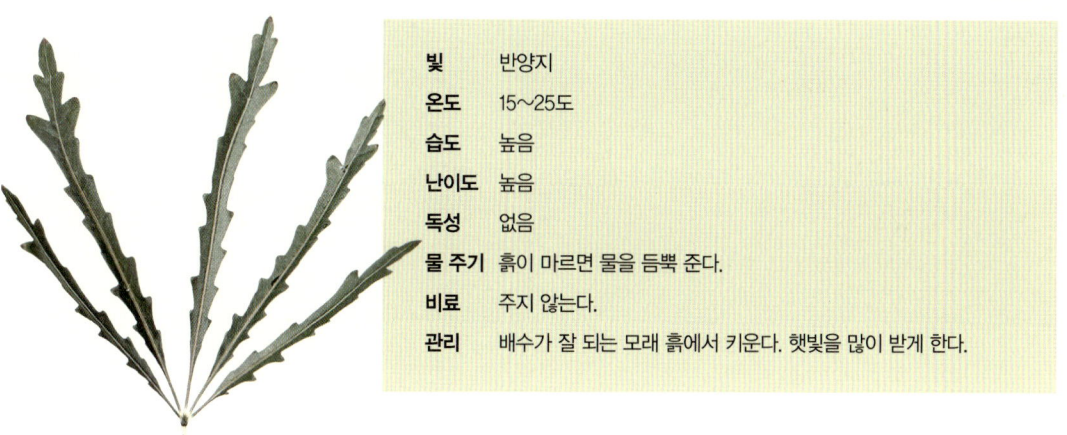

빛	반양지
온도	15~25도
습도	높음
난이도	높음
독성	없음
물 주기	흙이 마르면 물을 듬뿍 준다.
비료	주지 않는다.
관리	배수가 잘 되는 모래 흙에서 키운다. 햇빛을 많이 받게 한다.

페페로처럼 가느다란 잎에 톱니바퀴 모양의 무늬가 있는 아랄리아는 첫인상이 강하다. 외모와 달리 순한 식물이라 고양이가 먹어도 괜찮다. 아랄리아는 높은 공중 습도를 좋아한다. 아침저녁으로 분무해 주면 컨디션이 좋아진다. 아랄리아는 장소를 옮기는 걸 별로 좋아하지 않는다는 점을 주의할 것.

3

실내 가드닝의 모든 것

INDOOR GARDENING

실내식물 기본 관리법 세 가지

식물을 자꾸 죽여 고민이라고 말하는 사람이 많다. 그도 그럴 것이 실내 환경은 식물에게 가혹한 환경이다. 바람이 없어 운동을 할 수 없고, 물과 햇빛도 실컷 마시기 어렵기 때문이다. 따라서 반대로 해야 식물이 잘 자란다. 바람을 만들어주고, 물과 햇빛도 충분히 공급해 주는 것이다.

지나침은 모자람과 같다. 식물이 필요로 하는 것보다 물을 더 많이 주면 흙이 젖고 뿌리가 호흡을 하지 못해 생육이 나빠진다. 흙이 축축한 채 오랜 시간이 지나면 진균병이 생겨 뿌리가 썩어 나간다. 통풍이 외부만 못한 실내에서는 차라리 물을 말리는 편이 낫다.

아무리 애를 써도 식물이 죽을 수 있다. 경험상 100개의 식물 중 20개 정도는 자연스럽게 사라진다. 배우고 익히며 20%의 확률을 0%에 가깝게 줄여 나가는 것.

식물을 돌보는 것은 인생과 닮았다. 주기적으로 운동해야 근육이 붙는 것처럼, 매일매일 꾸준히 노력해야 실력이 자란다. 특별한 비법은 없다. 관심을 갖고 사랑하는 마음으로 돌보며 필요할 때 물을 주고, 관리하면 된다. 그중에서도 실내 가드닝에서 가장 기본이 되는 세 가지를 꼽는다.

잎에 자주 분무한다

잎에 자주 분무를 해 주어야 하는 이유는 잎이 촉촉해야 광합성 작용이 활발하기 때문이다. 광합성은 이산화탄소와 햇빛, 물을 더해 당분과 산소로 바꾸는 과정이다. 광합성이 활발할수록 식물은 이산화탄소, 미세먼지, 환경오염 물질을 더 많이 들이 마시고, 산소와 음이온, 피톤치드 등 건강에 좋은 물질을 더 많이 방출한다.

식물이 얼굴 근처에 있으면 식물은 사람이 호흡하며 내뿜는 이산화탄소를 더 많이 마실 수 있고, 사람도 식물이 뿜어내는 산소를 들이마실 수 있다. 식물에게도, 사람에게도 이롭다.

일반 분무기를 사용하면 잎 위에서 물이 방울져 바닥으로 떨어진다. 마루가 손상될 수 있으므로 꽃꽂이용 안개 스프레이를 사용하는 편이 좋다.

노란 잎, 시든 잎은 보일 때마다 제거한다

식물의 잎이 노랗게 변했다면 보일 때마다 제거한다. 한 번 노랗게 변한 잎은 초록색으로 돌아오지 않는다. 식물은 노란 잎에도 수분과 양분을 보낸다. 그 에너지를 잘 자라는 잎에 쓸 수 있도록 노란 잎이 보일 때마다 바로바로 제거한다.

잎 끝이 갈색이 된 경우는 잎의 양을 보고 제거할지 말지 결정한다. 잎이 많다면 갈색으로 변한 잎 전체를 잘라주어도 되지만, 잎이 몇 장 없는 경우라면 노랗거나 갈색으로 변한 잎 일부만 잘라 전체 잎 장수를 어느 정도 유지한다. 식물이 광합성 할 수 있는 면적을 조금이라도 더 확보하려는 것이다.

한 달에 한 번 정도, 햇빛 반대 방향으로 화분을 돌린다

식물은 빛을 향해 자라는 성질, 주광성을 가지고 있다. 식물 호르몬 중 옥신의 영향이다. 빛의 반대쪽에서 옥신의 농도가 높아지고, 옥신은 성장을 촉진하므로 빛의 반대쪽 조직이 자란다. 옥신이 없는 안쪽은 덜 자라고, 옥신이 많은 바깥쪽은 더 자라며 식물이 빛을 향하게 된다. 잎도 주광성을 띠며 햇빛이 들어오는 쪽을 바라본다.

빛을 바라보는 쪽으로 가지와 잎이 자라 풍성해지면 물리적으로 식물의 무게가 무거워지고, 힘이 약한 줄기는 가지와 잎을 지탱하지 못해 땅을 향하게 된다. 식물이 골고루 성장하게 도와주려면 가끔 한 번씩 화분을 햇빛 반대 방향으로 돌려주면 된다. 아주 단순하지만 식물의 건강과 모양을 지킬 수 있는 효과적인 방법이다.

때때로 공공기관이나 관공서, 카페같이 외부 공간에 놓여 있는 식물이 가지가 휘어 있을 땐 조심스럽게 화분을 반대 방향으로 돌려놓곤 한다. 공공장소에서 똑바로 자라고 있는 식물을 보면 누군가 마음을 쓰며 관리하고 있음이 분명하다. 식물 세계의 비밀을 공유하고 있는 기분이 들어 고개를 돌려 주변을 확인하곤 한다.

아무리 강조해도 지나치지 않은 통풍

과거 사용하던 한 작업실 앞엔 방부목으로 만든 작은 테라스가 있었다. 건물 주인은 데크 바닥에 네모 구멍을 뚫어 작은 사과나무 한 그루를 심었다. 녀석이 잎을 틔우면 꼭 초록 구름같이 몽글몽글했다. 오가면서 나무와 "오구오구, 꽃을 피웠어? 덕분에 하루 기분 좋게 시작하네. 고마워!" "오구오구, 초록 잎을 틔웠어?" 같은 이야기를 주고받곤 했다.

강풍을 동반한 폭우가 내리던 날, 유리문 바깥의 사과나무는 흡사 헤드뱅잉을 하는 것만 같았다. 가지와 잎이 팽글팽글 돌았다. 저렇게 오래 흔들려도 괜찮을까, 혹시 뽑히지는 않을까 미간을 살짝 찡그린 채 바라본다. 그저 바라보는 것 말고는 아무 일도 할 수가 없다.

비바람이 지나자 사과나무는 마치 방금 목욕을 마친 아가처럼 뽀얀 연녹색 잎을 흔들었다. 반짝거리는 잎이 우리에게 마음을 놓으라고 말하는 것만 같았다. 햇빛을 받아 눈부시게 빛나는 물방울 사이로 보이는 잎은 어느새 손가락 한 마디쯤 자라 있곤 했다.

바람은 식물의 성장을 돕는다. 식물은 바람에 흔들리며 살아남기 위해 안간힘을 쓰고 흙을 잡아당긴다. 그 과정에서 뿌리와 흙의 협착이 강해지고, 뿌리가 튼튼하게 뻗어나간다. 가지와 잎도 바람에 흔들리며 서로 탁탁 부딪히고, 물리적으로 충돌하는 과

정에서 잎맥과 수맥이 자란다.

    바람의 역할은 또 있다. 흙을 말리는 것이다. 흙을 말리는 게 중요한 이유는 흙이 젖어 있으면 공기가 적어 뿌리가 호흡을 하지 못 하기 때문이다. 좋은 흙일수록 공기를 많이 머금고 있고, 폭신폭신하다.

    실외 가드닝과 실내 가드닝의 가장 큰 차이점은 '바람'이다. 식물이 흔들리며 운동을 하지 못해 튼튼하게 자라지 못한다. 사람도 운동을 하지 않으면 체력이 점점 약해지는 것처럼 식물도 운동을 못 하면 점점 약해지고 줄기가 가늘어지며 뿌리 힘이 사라진다. 약한 식물은 병에 쉽게 걸리기도 하고 해충의 공격에 맥을 못 춘다. 건강하지 않은 식물일수록 병치레가 잦고, 벌레가 잘 생긴다.

    바람이 없는 실내에선 화분 속흙이 잘 마르지 않는다. 축축한 흙은 진균병의 원인이 된다. 많은 실내 가드닝 전문가들은 실내식물이 죽는 원인으로 '과습'을 손꼽는데, 뿌리가 호흡하지 못 하고, 흙이 축축해서 생기는 병, 이 두 가지 콤보가 가장 큰 원인이다.

    일반적으로 식물에게 '일주일에서 열흘마다 한 번씩 관수'하는 것이 상식으로 알려져 있다. 계절에 따라 다르긴 하지만 바람이 없는 실내에선 물 주기 간격을 늘려 식물을 약간 건조하게 관리하는 편이 낫다. 그래야 생존 확률이 높아진다.

    바람은 종종 시련으로 묘사되곤 하는데, 성장엔 시련이 필수인 셈이다.

    그럼 바람이 없는 실내에선 식물 키우기를 포기해야 할까? 아니다. 바람이 없으면 바람을 만들어 주면 된다. 선풍기나 서큘레이터의 가장 강한 단계를 선택해 잎을 중심으로 바람을 불어준다. 실내 온실이나 식물원에서도 그렇게 한다. 다만 선풍기의 크기가 지름이 약 $1m$에 육박할 만큼 크다는 점이 다르다. 가능하면 식물에게 선풍기를 자주 틀어 주자. 식물에게 바람은 '사랑해'라는 말처럼 아무리 많아도 지나치지 않다.

실내식물 물 주기

가장 많이 들은 질문은 바로 물 주기 간격이다.

일반적으로 화원에서 식물을 구입하면 물 주기 간격은 대략 '일주일에서 열흘마다 한 번씩, 흙이 충분히 젖을 만큼 주세요'라고 안내한다. 이 말은 맞기도 하고 틀리기도 하다.

8~10cm 작은 포트 화분의 경우엔 대체로 맞다. 흙의 양이 적고 흙이 품고 있는 물의 양도 적기 때문에 수분이 금세 마른다. 10cm 미만의 작은 관엽식물 화분은 7~10일마다 관수해도 좋다. '대체로 맞다'고 표현한 이유는 집집마다 고려해야 할 변수가 많기 때문이다.

실내 환경은 생활 습관과 밀접한 관계가 있다. 곰탕, 갈비탕, 삼계탕 등 탕을 좋아하는 사람은 들통에 식재료를 넣고 오래 푹 끓인다. 맛있는 냄새와 함께 생기는 수증기는 실내 습도를 높인다. 유리창이나 벽에 결로가 맺히고 생활에 불편을 준다. 곰팡이를 유발하기 때문이다. 환풍기를 켜지 않고 샤워를 오래 하는 습관 역시 그렇다. 이런 실내 환경에서 자라는 식물에게 일주일에서 열흘마다 관수를 하면 과습이 된다.

곰팡이가 새까맣게 뒤덮인 베란다가 있는 집이라도 사는 사람이 바뀌면 곰팡이가 깨끗하게 사라지기도 한다. 창문을 자주 열어 환기하는 습관을 가졌거나, 환풍기를 24시간 틀고 지낸다면 곰팡이가 서식하기에 낮은 습도를 유지하게 되고, 현저하게 줄어든다.

식물은 살아 있는 생명이기 때문에 일반화가 어렵다. 같은 부모 아래 태어난 형제자매 중 같은 사람이 하나도 없듯, 지구상 81억 인구가 모두 다른 지문을 가졌듯, 이름이 같아도 다 다르다. 종, 속, 과, 목, 강, 문, 계로 비슷한 성질끼리 묶어 두긴 했지만 개체는 모두 다르다. 생명이란 공산품과 달라 자로 잰 듯 똑같지 않다.

집집마다 잘 자라는 식물이 다 다르다. 우리 집 환경에 맞는 관수 주기를 파악할 때까지 식물을 세심하게 관찰해야 한다. 같은 아파트 같은 동이라 해도 집마다 일조량, 바람, 생활 습관에 따라 조건이 다르기 때문이다. 201호에서 잘 자라는 팔손이가 204호에선 비실거릴 수 있다.

그러니 식물 판매자의 입장에선 가장 보편적인 경우를 상정하고 '일주일에서 열흘마다 한 번씩 흙이 충분히 젖을 만큼 주세요'라고 설명하게 된다. 그럼에도 불구하고 물을 잘 주는 몇 가지 팁을 공개한다.

나무젓가락 이용하기

나무젓가락을 준비한 다음 화분 가장자리 쪽으로 꽂아본다. 화분 중앙부를 쿡 찌르면 뿌리에 상처를 낼 수 있으므로 나무젓가락에 걸리는 것이 있는지 없는지 살피며 살살 꽂는다. 나무젓가락에 흙이 묻어 나오면 축축한 것이므로 관수하지 않는다. 나무젓가락에 흙이 묻어 나

오지 않으면 흙이 말랐다는 뜻이니, 흙이 젖을 만큼 충분히 준다.

물은 화분 가장자리로

수분과 영양분의 흡수는 수염처럼 자라는 실뿌리가 담당한다. 실뿌리가 충분히 자라야 식물이 흙 속 영양소와 수분을 실컷 먹으며 잘 자랄 수 있다. 실뿌리가 발달하지 않으면 영양소를 섭취하지 못해 영양실조 상태가 온다. 실뿌리를 잘 자라게 하려면 드립 커피를 내리듯 화분 가장자리 쪽으로 급수하고, 뿌리가 호흡할 수 있도록 숨구멍이 있는 토분을 사용하면 도움이 된다.

저면 관수법

동양 문화권에서는 화분 흙 위로 식물에 물을 준다. 물 조리개나 스프레이 건으로 식물 머리에다 물을 뿌려 화분으로 흘러 들어가 구멍으로 빠지는, 일반적인 형태의 물 주기 방법이다.

반면 서양 문화권에서는 저면 관수법으로 식물을 키운다. 물구멍이 없는 화분이 바로 저면 관수용 화분이다. 저면 관수법, 단어는 어렵게 느껴지지만 사실 아주 쉽다. 구멍이 없는 화분에 물을 담고, 화원에서 판매하는 플라스틱 화분 그대로 넣는다. 플라스틱 화분에 예쁜 옷을 입혀주는 셈이다. 식물이 목이 마를 때마다 알아서 물을 마신다.

물속에 식물이 계속 담겨 있는 상태를 말하는 건 아니다. 흙이 계속 물속에 담겨 있으면 진균병이 생겨 뿌리가 녹으니 주의해야 한다. 물은 뿌리에 닿을 정도로 낮게 채워준다. 뿌리가 아직 화분 밖으로 보이지 않는다면 흙 속에 심지를 심어준다.

식물을 소파 옆이나 방 안에서 키울 땐 저면 관수가 편리하다. 화분 바깥으로 물이 흘러나올 염려가 없어 관리가 수월하기 때문이다.

화분 받침 위에 작은 조약돌을 깔고 물을 부어 살짝 잠기게 한 다음 그 위에 화분을 올려 주는 것도 좋다. 식물은 물이 있는 곳까지 뿌리를 뻗어 자라고, 필요한 만큼 물을 마실 수 있어 생육 상태가 좋아진다.

여행 등 집을 비울 때의 물 주기

여행 기간과 계절, 식물의 수에 따라 다르다.

먼저, 한여름의 뜨거운 햇빛은 식물에게도 갈증을 유발한다. 식물이 직사광을 맞지 않도록 커튼이나 블라인드를 치고 충분한 물을 주고 간다.

봄과 가을에는 여행 기간이 3~10일 정도라면, 여행 가기 전 충분히 물을 주고 가는 것만으로도 무난하다.

겨울철에는 실내 온도에 유의해야 한다. 난방이 되는 공간이라면 봄, 가을과 비슷하게 관리하면 된다. 난방이 되지 않는 곳이라면 식물을 따뜻한 장소로 옮긴다.

열흘 이상의 장기 여행을 떠난다면 키우고 있는 식물을 모두 욕조에 넣고 저면 관수하거나, 양동이에 물을 받아 실의 심지를 담가 화분 위에 올려 두는 방법도 권할 만하다. 가장 좋은 방법은 식물을 좋아하는 지인에게 물 주기를 부탁하는 것이다.

친환경 관리법

실내 가드닝은 말 그대로 집 안, 우리가 생활하는 공간에서 식물을 키우는 것을 말한다. 살충제, 화학비료 사용이 조심스러운 이유다. 생활 속에서 늘 사용하는 것들을 가드닝에 함께 활용하면 실용적이며 안전하다.

EM 용액

집에 식물을 가득 키워 집이 숲처럼 나무가 많기를 바랐다. 어릴 때 아빠를 따라 산에 가면 나도 모르게 큰 숨이 쉬어지던 생각을 하며, 집에서 숲의 향기가 나는 걸 상상했다.

다른 이들은 우리 집을 숲이라 불렀지만, 아무리 집에서 식물을 많이 키워도 동네 뒷산에서 느껴지는 향이 나지 않았다. 가장 다른 것은 흙이었다. 좋은 흙은 공기를 많이 품고 있는 흙이다. 산속흙은 진한 색을 띠고 있으며 부드럽다. 산속 수많은 생명체는 태어나 살다가, 생명이 꺼지면 흙으로 돌아가 영양소가 된다. 자연에서는 생명의 원리에 따라 모든 생명이 스스로 알아서 한다.

좀작살나무 열매부터 도토리, 밤, 개암 등등의 열매와 나뭇잎, 진드기, 거미, 날파리 같은 곤충과 산짐승이 미생물을 통해 분해된다. 숲속의 흙과 화분의 흙이 다른 점은 바로 이 '미생물'이다. 미생물이 살아 있어야 호흡하며 흙 속에 공기층을 만든다.

식물의 뿌리도 호흡하기 때문에 흙 속에 공기가 있어야 건강하다. 미생물이 살지 않는 흙은 물을 줄수록 흙이 딱딱하게 굳는다. 공기가 없는 흙에선 뿌리가 숨을 쉬기 어렵다. 식물의 생장 상태가 나빠진다. 흙 속에 미생물이 많이 살고 있는 게 중요한 이유다.

실내 가드닝에선 인위적으로 화분에 흙을 담아 식물을 심기 때문에 자연의 원리가 작동하지 못한다. 이럴 땐 EM 발효액을 써 본다. EM 용액은 Effective Micro-organisms의 앞 글자를 딴 약자로, 유용한 미생물들이라는 뜻이다. 유산균, 광합성 세균, 효모 균 등의 미생물 배양액이다. 화분에 물을 줄 때마다 EM 용액을 희석해 함께 주면 화분 흙에도 미생물이 서식하며 공기를 품어 보슬보슬 해진다.

EM 용액은 토양 개량, 악취 제거, 수질 정화, 환경 개선 등에 효과가 있다. EM 용액을 100~1,000배 희석해 냉장고 청소, 유리 닦기 등에 사용할 수 있고, 주방에선 원액 그대로 수세미에 적셔 사용한다. EM 용액 원액을 옷과 함께 하룻밤 담가 세탁하면 말끔해진다. 단, 흰색옷은 착색의 우려가 있으므로 피한다. 화장실과 음식물 쓰레기에 100배 희석해 사용하면 악취감소에 효과가 있다.

친환경용품점에서 만나는 EM 용액은 농축액으로 희석해 사용해야 하며, 주민센터와 구청 등 관공서에서 무료로 배포하는 EM 용액은 희석액으로 흙에 바로 사용해도 좋다. 두 가지의 가장 커다란 차이점은 균의 종류와 농도이다. 구입하는 EM 용액엔 균의 종류가 많고 농축되어 있고, 관공서에서 배포하는 EM 용액은 균의 가짓수가 적고 희석액이라는 점에 차이가 있다.

계핏가루, 시나몬 스틱

유통기한이 지난 계핏가루나 시나몬 스틱이 있다면 버리지 말고 식물에게 주자. 계피는 육계 나무의 껍질을 말린 것으로, 천연 방부제이자 방충제다. 식물에게 주면 벌레가 사라지고, 생육을 촉진한다. 솔솔 풍겨오는 달콤한 계피 향도 즐길 수 있다.

흙 위에 계핏가루 반 티스푼 정도를 올린다. 계피 껍질도 화분 위에 올려도 좋다. 분갈이 할 때 흙과 섞어 쓴다. 너무 많이 넣으면 물 빠짐이 좋지 않다. 흙 1ℓ에 티스푼 한 개 정도 섞는다. 계피는 발근제 역할을 해 뿌리가 튼튼하게 자라도록 돕는다. 가지를 잘라낸 식물을 계핏가루를 묻혀 적힌 티슈나 솜으로 감싸두면 뿌리 성장이 빠른 것을 볼 수 있다.

계피를 우려낸 물을 흙에 주면 벌레도 사라지고 식물도 튼튼하게 잘 자란다. 스프레이로 잎에 뿌려도 좋다.

락스

식물에게 락스를 준다고 하면 깜짝 놀라는 사람들이 많다. 화훼에선 락스를 종종 사용한다. 농장에서 자른 꽃이 유통되는 과정에서 꽃은 물을 한 방울도 마시지 못한다. 따라서 꽃 시장에서 절화를 구매하면 가장 먼저 꽃을 물에 담가 꽃이 물을 마시도록 도와야 한다. 이를 '물올림'이라고 한다.

덥고 습한 여름엔 몇 시간만 지나도 물속에서 세균이 번식해 미끈거린다. 이때 물에 락스를 한두 방울 떨어뜨리면 세균 번식을 막는다. 락스를 원액 그대로 사용하면 위험하지만, 희석해서 사용하면 유용하다. 락스와 물을 1:200으로 희석한 용액은 법정 소독제다.

장마철 화분에서 버섯이 피고 곰팡이 냄새가 날 때 흙에 락스 희석액을 뿌려주면 깨끗해진다. 식물 생육 상태엔 별다른 영향이 없고, 뿌리파리 등 벌레도 함께 사라지는 효과가 있다. 락스 희석액을 사용하면 흙 속 유익균이 함께 사라질 수 있으므로 EM 용액과 병행하도록.

유통기한 지난 종합 영양제

유통기한이 지난 종합 비타민이나 영양제는 식물에게 양보하자. 종류에 따라 조금씩 다르지만 성분표를 보면 칼슘, 마그네슘, 철, 아연 등이 포함되어 있다. 가루 형태의 영양제를 10ℓ 물에 1g 정도 비율로 희석해 사용한다. 비싼 영양제를 재활용 할 수 있다.

영양 공급

식물에겐 미량 원소가 필수 영양소다. 바로 탄소, 산소, 수소, 질소, 인산, 칼륨, 칼슘, 규소, 마그네슘, 황, 다량 원소, 철, 구리, 아연, 망간, 붕소, 몰리브덴, 염소, 나트륨, 니켈이다. 미량 원소는 정말 조금만 있으면 되는데, 부족하면 식물의 생육 상태가 나빠진다.

실내에서 흙에 담아 키우는 식물은 자연에서 자라는 식물처럼 실컷 뿌리를 뻗어 원하는 영양소를 먹기 어렵다. 필요한 요소를 인위적으로 공급하는 것이 바로 비료다. 사람으로 치면 영양제인 셈이다. 식물에 따라 필요한 원소들이 조금씩 다르므로, 자세한 내용은 실내식물 관련 가이드북을 두고 백과사전 보듯 참고하면 좋다.

추천하고 싶은 책은 《쉽게 기르는 실내식물 140》과 《실내식물도감》이다.

《쉽게 기르는 실내식물 140》의 저자 도테 니센은 덴마크 출신으로, 식물학과 생물학 석사 학위를 갖고 있는 식물 수집가이자 정원가다. 코펜하겐의 대학병원에서 식물을 의학적으로 활용하는 방법을 연구하고 있다.

《실내식물도감》의 저자는 세 명이다. 프란 베일리는 런던에서 식물 가게를 운영하는 원예가, 지아 앨러웨이는 영국왕립원예협회와 DK 출판사에서 원예 관련 책을 여러 권 쓴 원예 전문가, 크리스토퍼 영은 영국왕립원예협회의 대표 정원인 위슬리 가든 온실 정원 원예팀장으로 일하고 있다.

분갈이

분갈이는 언제 해야 할까. 첫 번째는 잘 자라던 식물이 갑자기 잎을 떨어뜨리며 성장을 멈출 때이다. 뿌리가 숨 쉴 공간이 없기 때문에 생기는 일이다. 식물의 잎과 가지가 자라는 것처럼 뿌리도 자란다. 뿌리는 화분 안에서 자랄 공간을 찾아 똬리 틀 듯 뱅뱅 돌며 자란다. 더 이상 자랄 공간이 없으면 호흡이 어려워지며 생장이 나빠진다. 그냥 두면 잎을 떨구고, 시름시름 앓다 생명이 꺼진다. 이 상태의 화분을 꺼내 보면 흙은 거의 없고 뿌리가 가득 차 있다.

두 번째는 흙에 해충이 생겼을 때이다. 농약 등 살충제를 써도 되지만 해충의 개체수가 창궐하는 시기라면 아예 흙을 바꾸는 것이 식물에게 도움이 된다.

세 번째는 식물이 성장을 멈춘 경우다. 영양제를 주는데도 잘 자라지 않는다면 분갈이를 해주는 편이 좋다. PH 농도, 흙 속 원소가 맞지 않는 경우에도 성장이 멈춘다. 새 흙으로 바꿔주는 편이 좋다.

분갈이 하는 법

식물 입문자들은 분갈이를 어렵게 느낀다. 서툰 손길에 혹시 식물이 상하지는 않을까 마음 졸인다. 세상 모든 일의 처음이 그렇듯 시작이 반이다. 용기를 내 시도해 보자. 태풍에 뿌리가 뽑혀도 살아남는 식물이 있다.

100년 만의 폭우가 내린 지난여름, 산책로 중간에 자라고 있던 소나무가 물살의 힘에 못 이겨 뿌리째 뽑혔다. 거의 땅에 드러누운 소나무가 어떻게 될까 마음 졸였는데, 소나무는 씩씩하게 다시 일어났다. 생명의 힘을 믿어보자.

① 돗자리나 분갈이 전용 매트를 깐다

분갈이를 할 때 바닥에 비닐이나 신문지를 까는 경우가 많다. 작은 화분은 괜찮은데, 키가

60cm가 넘어가는 중품만 되어도 화분에서 꺼낸 흙의 무게가 상당하다. 자칫 흙 무게를 견디지 못 하고 비닐과 신문지가 찢어지기도 한다. 실내에 흙이 휘날리면 청소가 힘들다. 흙 무게를 이길 수 있는 돗자리나 분갈이 전용 매트를 사용하면 일이 수월하다.

② 옮길 화분의 물구멍을 막는다

분갈이를 하려고 하면 괜히 마음이 바빠져 허둥지둥하게 된다. 식물을 먼저 화분에서 빼는 경우가 많은데, 뿌리는 바깥공기에 닿는 걸 좋아하지 않는다. 옮겨 줄 새 화분의 준비를 먼저 마치고 뿌리가 공기에 닿는 시간을 최소화한다. 가장 먼저 새 화분의 구멍을 플라스틱 망이나 양파망으로 막는다. 물을 줄 때마다 흙이 빠져나가는 걸 막기 위한 목적이다.

③ 배수층을 만든다

물구멍을 막은 다음 배수층을 만든다. '배수층'은 물이 잘 빠지도록 흙 아래 돌이나 스티로폼을 깔아주는 것을 말한다. 배수층은 보통 화분 높이의 10~20% 정도, 60cm 이상의 길고 좁은 화분의 경우 50%까지도 가능하다. 작은 화분엔 굵은 마사토나 난석을, 큰 화분에는 스티로폼을 써도 괜찮다. 스티로폼이 식물에게 해로울까 걱정하지만 식물에겐 정화 능력이 있다. 이렇게 만든 배수층은 뿌리가 숨 쉬는 걸 도와 식물의 생존 확률을 높인다.

④ 화분에 흙을 1/4쯤 채운다

식물마다 좋아하는 흙이 다르지만 대체로 원예용 상토를 쓰면 된다. 상토에 비료를 섞어 쓸 때는 섞은 다음 일주일 정도 묵힌 후 쓰는 편이 좋다. 고농도의 비료가 뿌리에 직접 닿으면 삼투압 현상으로 식물 체내 수분과 영양분이 빠져나가 오히려 독이 된다. 흙이 비료를 품어 농도가 비슷해질 때까지 기다리는과정이 필요하다.

산에서 흙을 덜어와 사용해도 되느냐는 질문을 종종 받는다. 흙 속엔 좋은 미생물들, 영양분도 있지만, 야생 상태의 세균, 벌레의 알이 함께 섞여 있다. 따라서 가급적 소독 살균해 유통되는 흙을 사용하는 게 좋다.

⑤ 화분에서 식물을 꺼낸다

화분에서 식물을 꺼낼 때 식물이 화분에서 잘 빠지지 않을 때가 있다. 8~10cm 지름의 갈색

비닐 포트 화분은 가위로 자른 다음 식물을 꺼낸다. 뿌리를 보호할 수 있다. 큰 화분이라면 화분을 바깥에서 아기 엉덩이를 두들기듯 탕탕 친다. 그래도 분리되지 않을 경우엔 삽을 화분 가장자리로 넣어 툭툭 친다.

⑥ 뿌리를 정리한다

뿌리는 중력을 따라 아래로 자란다. 식물을 꺼냈을 때 뿌리가 돌돌 말려 있다면 플라스틱 젓가락을 이용해 땋은 머리를 풀 듯 풀어준다. 뿌리가 말랐거나 썩은 부분이 있다면 제거한다. 가위와 칼날은 알코올로 소독하여 사용한다. 소독하지 않은 날을 사용하면 박테리아와 병균이 뿌리에 전해질 수 있다.

때로는 분갈이를 할 때 같은 식물을 같은 화분에 다시 심기도 한다. 이 경우엔 화분 크기에 맞게 뿌리, 줄기, 가지를 다듬어 사이즈를 줄여 심는다.

⑦ 옮길 화분에 식물을 넣고 흙을 채운다

새 화분에 식물을 넣는다. 식물이 화분 정중앙에 위치하도록 줄기를 잡고 흙을 채운다. 비뚤어지게 심으면 무게 중심이 맞지 않아 화분이 잘 넘어진다. 화분에 흙을 채울 때는 화분 높이의 1~2㎝ 정도 남겨둘 정도로 채운다. 여유 공간이 있어야 물을 줄 때 넘치지 않는다. 화분을 톡톡 치며 흙을 채운다.

⑧ 흙 가장자리를 눌러 뿌리의 활착을 돕는다

화분 가장자리를 손으로 눌러 흙을 단단하게 다진다. 뿌리 근처의 흙을 손으로 꾹꾹 눌러 고정하는 경우가 있는데 가장자리의 흙만 눌러 주는 편이 좋다. 식물 뿌리가 눌리면 상처가 나거나 끊어질 수 있기 때문이다.

⑨ 취향에 따라 화분 위에 장식용 돌을 덮어준다

흙 위에 장식용 돌을 얹으면 물을 줄 때 흙이 동동 뜨지 않아 편리하다. 뿌리파리의 번식을 억제하는 효과도 있다. 뿌리파리는 흙에 알을 낳아 번식하는데, 돌 사이를 뚫고 들어가지 못해 개체수가 줄어든다.

단점은 흙 위에 돌을 얹어 두면 물기가 늦게 말라 흙의 축축함이 오래 갈 수 있다는 것. 취향에 따라, 관리 수준에 따라 결정한다.

⑩ 화분에 물을 흠뻑 준 다음 그늘로 옮긴다

분갈이를 한 다음엔 화분에 물을 흠뻑 준다. 그러면 흙이 미처 채워지지 않은 공간의 흙이 내려앉는다. 그 부분은 흙을 보충하고, 다시 물을 흠뻑 준다.

간혹 분갈이를 마친 식물을 바로 해가 잘 드는 곳에 두는 경우가 있는데, 피하는 게 좋다. 이제 막 분갈이 한 식물은 아직 뿌리가 잘 활착되지 않아 몸살이 난 상태다. 이 상태로 양지 바른 곳에 놓이면 광합성 작용이 활발해지는데, 이는 마치 배탈이 난 상태로 뷔페에 가서 꾸역꾸역 먹어야 하는 상황이나 다름없다.

바람이 솔솔 부는 그늘로 옮겨 식물이 쉴 수 있게 돕자. 시들했던 식물이 제 상태를 회복하고, 새잎을 틔워 올리면 밝은 곳으로 옮긴다. 분갈이 이후에는 물을 부족한 듯 관리한다. 뿌리가 물을 찾아 바깥쪽으로 뻗으며 튼튼하게 자랄 것이다.

해충 관리

실내식물을 키우는 데 가장 저항을 느끼는 부분이 바로 해충이다. 벌레 때문에 식물 키우기가 꺼려진다는 사람들이 많다. 다행히 식물 잎에서 발견되는 벌레는 인체에 무해하다. 벌레도 먹거리가 있는 곳에 서식하기 때문에 식물 이외의 장소에 거주할 확률은 낮으니 걱정하지 않아도 좋다. 다만, 뿌리에 살고 있는 벌레-개미, 바퀴벌레 같은-는 주의가 필요하다.

솜깍지벌레

솜깍지벌레는 하얀 솜처럼 생겼다. '왜 식물에 솜이 있지?'라는 생각이 들면 99% 솜깍지 벌레다. 물로 자주 씻어 주면 사라진다. 화분을 이동할 수 없는 경우라면 손에 장갑을 끼고 주방세제를 푼 물에 잎을 담근 다음 닦아 주면 사라진다. 솜깍지벌레는 살충제로 쉽게 제거할 수 있지만, 아기나 반려동물이 있다면 살충제를 사용하지 않는 편이 좋다.

깍지벌레

줄기나 잎맥을 따라 들깨만 한 크기의 벌레가 다닥다닥 붙어 있으면 깍지벌레일 가능성이 높다. 깍지벌레는 왁스층을 갖고 있어 수용성 약제가 침투하지 못한다. 물로 씻어도 잘 떨어져나가지 않는다. 손에 장갑을 끼고 잎을 닦아주면 빠른 시간 안에 깍지벌레를 제거할 수 있다. 잎이나 줄기를 손톱으로 긁듯이 제거한다.

총채벌레

총채벌레는 1㎜ 미만의 가로로 긴 까만 벌레로 잎을 천천히 기어다닌다. 잎을 뒤집어 보면 흰색 알이 매달려 있다. 물로 씻어 주거나 손에 장갑을 끼고 닦아 준다. 번식력이 좋고 약에 내성이 강해 퇴치하기 힘들지만, 식물이 건강해지면 이겨낸다. 개체 수가 너무 많아져 도저히 안 되겠다 싶을 땐 살충제를 사용하고, 분갈이로 흙을 바꾼다.

응애

응애는 거미과의 해충으로 아주 작아서 눈으로 볼 순 없지만 적색 거미처럼 생겼다. 식물 잎이나 줄기에 거미줄이 생긴다면 99% 응애다. 고온 건조한 환경에서 많이 생기고, 한 번 생기면 없애기 쉽지 않다. 실내 가드닝에선 손으로 자주 문질러 주면 사라진다. 벌레가 생긴 식물은 다른 식물로 옮겨가지 않도록 무리에서 떨어뜨린 후 돌본다.

온실가루이

먼지처럼 작은 하얀 벌레가 식물 근처를 날아다닌다고 느낄 땐 온실가루이다. 새잎을 좋아하고, 한 잎에 알, 유충, 성충이 모두 있는 걸 관찰할 수 있다. 번식 속도가 빨라 순식간에 식물을 말려 죽인다. EM 용액을 희석해 뿌리면 방제 효과가 있다. 모기 파리용 살충제를 사용해도 좋다.

민달팽이

민달팽이가 있는 화분에선 비릿한 냄새가 난다. 식욕이 왕성해 식물의 생육상태가 급격하게 나빠진다. 민달팽이를 퇴치하는 친환경적인 방법은 맥주다. 민달팽이는 맥주를 좋아하기 때문에, 맥주를 넓고 낮은 그릇에 부어 화분 근처에 두면 민달팽이가 와서 맛있게 먹고 빠져 있는 것을 관찰할 수 있다. 유통기한이 지난 맥주가 있다면 민달팽이 퇴치용으로 사용해 보자.

식물 건강하고 아름답게 키우기

식물 모양을 예쁘게 만드는 것은 반려동물을 돌보는 것과 비슷하다. 강아지가 먹고, 산책하는 것처럼 식물도 물과 영양소와 햇빛을 충분히 먹고, 바람결을 따라 흔들리며 운동을 한다. 잎과 줄기가 풍성하게 자랄 것이다. 식물은 어떻게 해도 아름답지만, 가꿔야 하는 이유가 있다.

식물이 자라는 동안 그냥 두면 이발하지 않은 소년의 더벅머리처럼 비쭉비쭉 자란다. 잎을 솎아주고, 가지치고, 잎을 다듬고, 지지대를 세워 말끔하게 단장해야 하는 이유는 심미적인 목적도 있지만, 식물이 꼭 필요한 곳에 에너지를 쓰도록 돕는 일이기 때문이다.

식물등으로 빛을 보충하며 풍성하게 키우기

창가에서 먼 실내는 빛이 부족하다. 창이 없는 곳에서 식물을 키울 때는 식물등을 사용하자. 햇빛 아래에서 키우는 것과 비슷한 효과가 있다.

과거에 출시된 식물등은 자줏빛이었다. 저녁에 불 켜진 아파트 단지를 보면 자주색 불빛을 내는 집이 드물게 눈에 띄었다. 혹시 이상한 집 아니냐며 경찰에 신고가 들어오는 경우도 있었다고 한다.

최근엔 연구를 통해 식물등의 색상이 전구색과 같아졌다. 시각적 불편함 없이 식물을 키울 수 있다. 식물에게 식물등을 비춰 주면 쑥쑥 잘 자라는 걸 관찰할 수 있다. '퓨처그린' 식물등을 추천한다. LED등이기 때문에 전기요금도 저렴하고, 환경에 미치는 영향도 소소하다. 기존에 사용하는 스탠드에 식물등 전구를 끼워 써도 좋다.

통풍이 잘 되도록 잎과 가지 솎 치기

파종한 씨앗에서 싹이 나면 잎을 솎아 한두 줄기가 실컷 자라도록 돕고, 사과나무도 아기 사과를 솎아 열매 한 개가 크게 자라도록 한다. 집에서 키우는 식물도 마찬가지다. 잎과 가지를 솎아 줘야 식물이 더 잘 자란다. 가지 사이로 바람이 통할 수 있도록 빼곡하게 자란 잎과 가지를 잘라낸다. 자르기 전이 100%라면 잘라낸 가지와 잎이 20% 정도 안쪽이면 된다.

가위와 칼은 사용하기 전 알코올로 닦아 소독한다. 굵은 가지를 자르면 나무의 모양이 완전히 달라지므로 자신이 없다면 자잘한 가지를 중심으로 솎아 내는 편이 좋다. 굵은 가지를 자를 땐 전지가위를 사용한다. 잘라낸 가지는 꽃병에 담가 초록을 좀 더 즐긴다. 가지 끝에서 뿌리가 나는 경우도 있다.

지지대 세우기

식물은 지지대를 세워주면 더 잘 자란다. 식물은 줄기를 바로 세우는 데에 온 에너지를 쓰기 때문에 무엇인가에 기대고 있으면 그 에너지를 다른 곳에 사용하기 때문이다. 30㎝ 이하의 작은 식물이라면 나무젓가락을 지지대로 사용해도 좋다. 화분 흙 속에 지지대를 꽂을 때에는 뿌리가 다치지 않게 살살 돌려가며 꽂는다. 키가 60㎝ 이상인 식물에 지지대를 세울 때엔 플라스틱 막대나 금속 막대를 사용해도 좋고, 가지를 다듬어 낸 나뭇가지도 훌륭한 지지대가 된다.

지지대의 색상은 식물과 같은 색일 때 가장 자연스럽다. 전혀 다른 색상의 지지대를 사용하면 시선이 계속 부딪힌다. 나무젓가락에 초록색 아크릴 물감을 칠해 사용하면 식물과 한 몸처럼 보여 시야를 해치지 않는다. 혹은 지지대에 꽃꽂이용 테이프를 감아 사용할 수 있다.

지지대와 식물을 고정할 때는 케이블 타이나 빵 끈을 활용할 수 있다. 주의할 점은 줄기가 자라는 걸 감안해 느슨하게 묶어야 한다는 점. 꼭 맞게 고정하면 숨도 못 쉴 정도로 꽉 끼는 청바지를 입은 것처럼 수액과 영양소가 통하지 않는다. 흐름을 막아 생장 상태가 나빠진다.

수형 만들기

식물에도 얼굴이 있다. 화분을 360도 돌리며 가장 아름다워 보이는 부분을 찾아본다. 이 자리에 식물 잎이 딱 한 장 더 있으면 좋겠다 하는 생각이 드는 자리가 있으면 잎자루나 줄기를 문질러 살살 마사지해 그 자리로 모양을 잡아 옮긴다.

칼라데아 오르비폴리아, 알로카시아 프라이덱 같이 잎이 큰 식물들은 잎자루와 잎자루를 잡고, 벨크로 테이프로 묶으며 표정을 잡을 수 있다. 마스킹 테이프, 빵 끈, 케이블 타이처럼 다양한 끈을 이용할 수 있지만 벨크로 테이프는 탄성이 있고, 통기가 좋아서 바람에 흔들려도 다칠 우려가 없다. 식물에게 좀 더 안전하다.

외목대로 키우기

외목대로 키운 식물은 가지가 똑바로 서 있고, 중간에 뻗어 나간 곁가지가 없다. 곁가지를 잘라내며 키운 것이다. 잎을 머리에 구름처럼 얹고 있어서 매우 귀엽다. 외목대 수형은 잎이 짧은 로즈메리나 율마에 잘 어울린다.

식물을 준비하고, 중심가지만 제외하고 나머지 곁가지를 모두 잘라준다. 위쪽의 생장점을 자른다. 그러면 곁가지와 키를 키우는 데 쓰던 에너지를 잎을 풍성하게 만드는 데 사용하게 된다.

새잎이 나는 가지를 똑똑 끊어 순을 잘라 공 모양을 만든다. 순지르기라고 말한다. 볼 때마다 자주 끊어주면 풍성하게 자란다.

외목대로 키우면 모양도 귀엽고 예쁘지만, 부피가 작아진다. 같은 공간에 식물을 더 많이 키울 수 있고, 가지 사이로 바람이 잘 통해 식물 컨디션도 좋아진다.

어떤 화분을 써야 할까?

같은 식물이라도 어떻게 심느냐에 따라 달라진다.

식물이 잘 자라기 위해선 식물이 어릴수록 토분을 사용하는 편이 좋다. 어린 식물은 어린이와 같다. 어릴 때 튼튼하게 자라야 어른이 되어서도 튼튼하다. 아기 식물은 외부 환경에 민감하므로 통기가 잘 되고 물 빠짐이 좋은 토분을 써 준다.

유통 과정에서 가장 많이 사용되는 플라스틱 화분은 실용적이다. 가볍고, 바닥면에 물 빠짐 구멍이 많아 통기도 괜찮다. 유리 화분은 시각적 청량함이 있고, 세라믹 화분은 가격이 저렴하고 범용적으로 쓰인다.

플라스틱 화분으론 네덜란드 브랜드 엘호elho를 추천한다. 농업 강국 네덜란드의 기술력이 브랜드에도 녹아 있다. 크기와 색상이 다양해 알맞은 상품을 고르기 좋다.

토분을 아트의 경지로 끌어 올린 국내 브랜드로는 두갸르송과 카네즈센, 스프라우트가 대표적이다. mmmg의 유리화분도 청량하고 아름답다.

취향에 따라 다르겠지만, 화분의 색상은 웜톤 화이트, 흙과 닮은 색, 녹색일 때 시선이 편안하다.

4

플랜테리어의 원리와 법칙

BASIC

플랜테리어란?

플랜테리어Planterior는 신조어로, 식물을 뜻하는 영단어 'Plant'와 인테리어 'Interior'의 합성어다.

인테리어Interior는 실내를 장식하는 일 또는 실내 장식용품을 뜻하므로, 플랜테리어는 '식물로 실내를 장식하는 일'로 정의할 수 있다. 플랜테리어가 실내 공간을 다루는 만큼, 인테리어에 대한 기본 지식뿐만 아니라, 실내식물, 실내식물 관리법, 실내 가드닝에 대한 이해가

필요하다. 한국에서는 2018년 출간된 《우리 집이 숲이 된다면》에서 처음으로 플랜테리어를 다뤘다.

최근 플랜테리어는 '식물Plant'에 실외의 공간을 다루는 조경이나 정원을 의미하는 '익스테리어Exterior'를 더해 내부에서 외부로 확장되고 있다. '플랜테리어'는 '식물로 공간을 아름답게 연출한다'는 의미로 폭넓게 사용된다.

식물을 아름다움의 요소로 활용한다고 해서 식물을 타일이나 마루처럼 여기는 것은 곤란하다. 식물은 생명이기 때문이다. 식물로 아름답게 연출한 공간이라도 그곳에 있는 식물들이 잎이 말라 있거나 거뭇거뭇 병들어 있다면 아름답지 않다. 생명에 대한 존중, 사랑의 마음으로 식물을 돌볼 때 플랜테리어도 의미 있다.

플랜테리어의 원리와 요소

디자인의 원리와 요소는 통일, 비례, 균형, 대칭, 리듬감이다. 디자인이 필요한 모든 곳엔 통일, 비례, 균형, 대칭, 리듬감, 그리고 독창성을 더한 디자이너의 숙고가 있다. 이런 디자인의 원리와 요소를 플랜테리어에도 적용할 수 있다.

통일

통일은 여러 가지 요소들을 비슷하거나 같게 맞추는 걸 말한다. 플랜테리어에선 식물의 종류, 식물의 색, 화분의 종류와 색상 등을 맞춰볼 수 있다. 특히 화분에서 통일의 요소를 잘 살릴 수 있다.

예를 들면 삼색 마지나타 레인보우 식물에 핑크색 화분을 사용하고, 노란 크로톤에 노란 화분을 사용했다고 상상해 보자. 각각의 식물에겐 화분이 아름답게 어울리지만, 하나의 공간에 들어오면 핑크 화분, 노란 화분이 시각적으로 충돌한다.

실내엔 살림살이가 많으므로, 가능한 화분의 색상과 재질을 통일시키자. 재질이 다르다면 색을 통일시키는 것이 좋다. 돌, 플라스틱처럼 서로 다른 재질이라도 밝고 따뜻한 회색으로 맞춰주면 무난하게 어울린다.

화분 색상을 고를 때 흙, 나무, 풀, 웜 화이트 계열을 고르는 게 좋다. 자연에서 베이스를 이루는 색상이 식물과 잘 어울린다.

비례

비례는 표현된 물상의 각 부분 상호 간 또는 전체와 부분이 양적으로 일정한 관계가 되는

것을 말한다. 계단을 따라 세 칸마다 스파티필룸을 올려두는 것, 큰 접란들이 공중에 매달려 있는 가운데 작은 접란 하나를 두는 것, 식물의 종류와 화분은 다르지만 1:1:1의 비율로 연출하는 것 모두 비례를 맞추는 플랜테리어다.

  동일한 크기와 동일한 식물을 사용해 1:1:1의 비례를 만드는 것은 단정한 느낌이 들고, 크고 작은 식물의 비례를 활용하면 역동적인 느낌이 든다.

균형

균형의 요소를 다룰 땐 시소를 생각하면 된다. 식물을 시소 위에 올려 두었다고 생각하고 균형을 잡는다. 한쪽엔 크고 무거운 화분 하나를 올려 두었다면, 다른 한쪽엔 중간 정도 크기의 화분을 세 개 올린 것을 상상한다. 텔레비전을 중심으로 한쪽엔 큰 화분 한 개, 다른 쪽엔 작은 화분 세 개를 내려두어도 좋다.

3개의 화분을 놓을 땐 가운데를 중심으로 양쪽에 비슷한 크기의 화분을 두는데, 이때 덩어리감은 비슷하게, 식물의 종류와 화분의 색은 다르게 하면 균형감뿐만 아니라 리듬감도 함께 살릴 수 있다.

대칭

대칭은 가장 쉬운 요소다. 가운데를 중심으로 반으로 딱 접었다 폈을 때 양쪽이 똑같은 것이 바로 대칭이다. 그리스 신전이나 호텔 로비에 자주 사용하는 방식으로 가장 안전하고 고전적인 연출법이다. 데칼코마니 기법을 생각하면 된다.

집안에선 거실의 텔레비전을 기준으로 양쪽에 식물 화분을 하나씩 놓아 대칭의 요소를 살려볼 수 있다. 똑같은 식물을 심은 똑같은 화분을 두 개를 배치한다. 약간 지루하게 느껴진다면, 서로 다른 종류의 식물을 심은 비슷한 크기의 화분으로 대체하여 위트를 줄 수 있다. 식물의 크기는 텔레비전 크기와 비례를 맞춘다.

리듬감

리듬감은 일정한 음악적 규칙에 따라 반복되며 움직이는 느낌을 말한다. 강 약 중강 약이다. 시선이 강 약 중강 약의 요소에 머물며 아름다움을 느낀다. 똑같은 크기의 식물 5개가 있을 때보다 크고 작은 식물들이 어울리는 게 아름다워 보이는 이유는 리듬감 때문이다.

플랜테리어에 응용해 보면 큰 화분 하나, 작은 화분 하나, 중간 크기 화분 하나, 또 큰 화분 하나, 작은 화분 하나를 배치하는 것으로 리듬감을 살릴 수 있다. 화분뿐만 아니라 화단도, 색상도 적용이 가능하다.

황금비례

황금비례는 고대부터 내려온 가장 아름다운 비례를 뜻하는 말로, 1:1.618의 비율을 말한다. 성인 여성의 키를 160cm라고 가정할 때 작은 쪽으로 비율은 1m, 큰 쪽으로 비율은 2.58m 정도 된다. 세 개의 식물을 놓아야 한다면 1m, 1.618m, 2.58m에 배치할 때 높이의 황금 비율을 맞출 수 있다.

보통 아파트 천장의 높이가 2,300mm 내외이므로, 50cm, 80cm, 130cm 정도 키의 식물로 구성해도 좋다.

비례는 양감을 주는 데에도 유용하다. 식물은 한데 모아 화단을 만들어서 키우는 게 좋은데, 화단의 크기를 황금 비율에 맞게 조절해 보는 것이다. 작은 다육이 화분 3개로 1의 덩어리 감을 만들었다면, 30cm짜리 포트화분 3~5개로 1.618의 비율을 만든다.

소라나 달팽이 모양의 황금 비례를 기억해 두면 좋다. 이 구도를 기억해 두고 사진을 찍을 때 응용해 본다. 강조하고 싶은 부분을 아래 그림 중심부에 배치한다.

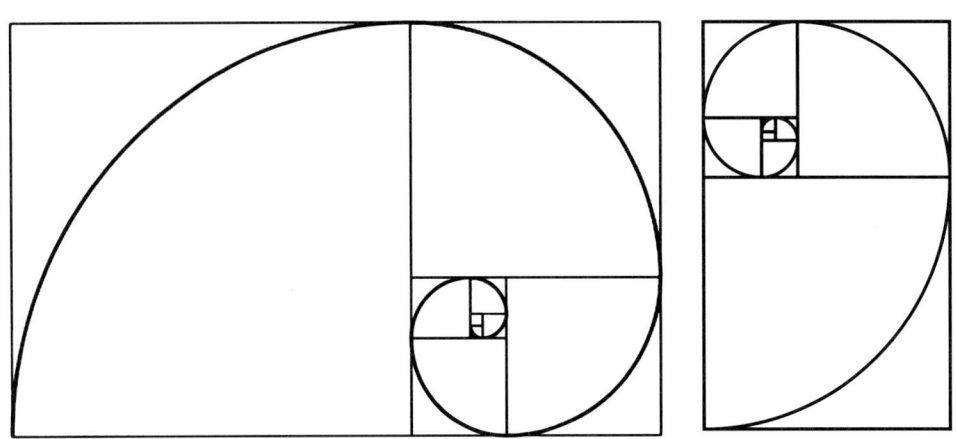

식물 기본 배치법

식물을 하나씩 보면 예쁜데, 그 수가 많아지면 어떻게 해야 할지 몰라 난감해지기도 한다. 관리가 편해지는 아주 쉬운 기본 배치법 다섯 가지를 소개한다. 조금만 바꿔줘도 공간이 살아난다.

비정형 삼각형

바닥에 삼각형이 있다고 생각하고 그 꼭짓점에 화분을 배치한다. 바닥면에 삼각형을 상상하기 어렵다면 마스킹 테이프를 이용해 그려도 좋다. 바닥면에 실제 스케일대로 그려 표시하는 건 인테리어 디자이너들이 자주 사용하는 방법이다. 공간감은 사람이 직접 느껴야 정확

하기 때문이다. 마스킹 테이프로 바닥면에 비정형 삼각형을 그리고 꼭짓점에 화분을 올린다.

맨 앞쪽엔 키가 작으면서 싱싱하고 예쁜 식물을, 그다음 꼭짓점엔 중간 크기, 맨 뒤쪽 꼭짓점엔 가장 키가 큰 식물을 세운다. 관리와 황금비례를 고려하면 가장 앞쪽 꼭짓점엔 바닥면에서 식물 끝까지의 높이가 70cm, 중간 지점에는 105cm, 맨 뒤쪽에는 160cm 정도가 좋다. 층고가 높은 공간이라면 배수로 적용해 볼 것.

3,5,7 항상 홀수로

화분을 배치할 때 홀수로 둔다. 물론 전체 공간의 식물 수를 반드시 홀수로 맞출 필요는 없다. 시선이 한 번에 담기는 부분, 한 프레임 안의 식물 수가 홀수면 된다. 2개보단 3개가, 4개보단 5개가 낫다. 사람은 홀수일 때 본능적으로 안정감을 느낀다.

화분의 높낮이를 다르게

식물의 높낮이를 다르게 배치하면 식물이 많아도 답답하지 않다. 다리가 있는 스툴, 벽돌, 책, 의자, 서랍장, 콘솔 위에 식물을 올린다. 가구 위에 식물을 올릴 때 습기 관리가 필요하다.

물을 주다 넘치면 가구 표면이 손상되니, 화분 크기보다 큰 사이즈의 화분 받침을 사용하자. 수용할 수 있는 물의 양이 많아져 화분 받침 너머로 넘치는 일이 줄어든다.

토분으로 된 화분 받침은 습기를 머금어 가구 표면에 곰팡이가 필 수 있다. 이럴 때 습기를 차단하도록 물구멍이 없는 저면 관수형 플라스틱 화분을 사용하거나 플라스틱 화분 받침을 사용하는 게 도움이 된다.

화분 받침 아래에 바닥보호 스티커를 붙이는 방법도 있다. 스티커의 두께가 약 3㎜로, 가구와 화분 받침 사이에 공간이 생기며 통기가 된다. 긁힘도 방지하고 습기를 줄일 수 있다.

식물을 모아 화단 만들기

키우고 있는 식물을 모아서 키운다. 물 줄 때 여러 곳으로 돌아다닐 필요가 없어 관리도 편하고, 보기에도 아름다우며, 식물 상태도 좋아진다. 식물이 모여 있으면 서로에게 도움이 되는 물질을 주고받기 때문이다. 식물 뿌리에 살고 있는 미생물은 식물 종에 따라 다르다. 여러 종의 식물을 모아두면 미생물이 호흡하며 뿜어내는 물질이 서로에게 도움을 준다. 증산작용 효과도 있어서 물 주기 간격이 길어진다.

화단을 만들 때 맨 앞 잘 보이는 위치에 놓는 식물은 가장 예쁘고, 가장 싱싱하고, 가장 좋아하는 것으로 고른다. 뒤쪽으로 갈수록 덜 예쁘고 덜 싱싱한 아이들을 배치하면 앞의 식물이 뒤의 식물을 가려 화단 전체를 돋보이게 해 준다.

다양한 질감을 사용하기

꽃꽂이는 꽃의 종류가 다양할 때 좀 더 풍성하고 아름다워 보인다. 플랜테리어에도 응용할

수 있다. 실내식물의 질감을 다양하게 사용하면 꽃꽂이처럼 아름답다.

왁스로 코팅한 것 같은 다육이나 선인장의 반짝반짝하는 표면의 질감, 동글동글 귀엽게 자라는 녹영의 질감, 꼬불꼬불하게 자라는 옥주염의 모습도 재미있고, 부드럽고 풍성하게 자라는 고사리 류, 낭창낭창하게 자라는 아스파라거스의 잎도 좋다. 식물의 여러 가지 잎을 섞어 꽃다발처럼 아름답게 연출할 수 있다. 뿌리가 있는 식물은 꽃다발보다 수명이 훨씬 길다.

5

플랜테리어 스타일링

PLANTERIOR STYLING

플랜테리어에 이로운 가구들

식물을 좋아하지만 키울 만한 마땅한 곳을 발견하기 어렵다면, 행거나 협탁, 스툴 등 가지고 있는 가구를 활용할 수 있다. 집안에선 가구 위에 올려 식물을 키울 때가 많은데 MDF, 나무 소재의 가구는 물에 약해 고민이 된다. 습기에 강한 플라스틱, 금속 소재의 가구를 소개한다.

행거

이동 행거는 집안에 작은 식물 숲을 만들기 좋은 아이템이다. 이케아 제품은 3만 원 선에 구입할 수 있고, 다른 행거들도 대체적으로 가격이 저렴하다. 높게 세우면 약 180cm 내외가 되는 행거에는 식물을 걸어 키우기 좋고, 지지대를 겸하는 아래쪽 선반에 식물을 올려 키울 수 있다. 선반 위엔 쟁반을 올리거나 저면 관수용 화분을 사용해야 물이 떨어질 걱정을 줄일 수 있다.

바퀴가 달린 이동 행거는 햇빛에 따라 자유롭게 이동할 수 있는 장점이 있다. 식물을 여러 곳에 나눠 키우기 힘들 땐 이동 행거를 적극 활용해 보자.

다리 있는 가구, 등이 뚫린 가구들

식물 키우기에 재미를 붙이면 가구도 식물 키우기에 이로운 것으로 찾게 된다. 공기가 흐르는 공간을 조금이라도 더 확보할 수 있는 가구를 고른다. 등이 뚫려 있거나 다리가 있는 가구들이 좋다. 공기가 흐르면 식물 컨디션도 좋아진다.

등이 있는 고정형 가구, 붙박이장 같은 가구는 공기의 흐름을 막는다. 현관문을 열었을 때 풍기는 집안 고유의 냄새는 공기가 흐르지 않는 곳 곳곳에 숨어 생긴다. 다리가 있는 가구, 등이 뚫린 가구를 사용하고, 식물을 많이 키우면 집안 고유의 냄새도 줄어든다.

철제 가구와 플라스틱 가구

식물은 어떤 소재와도 잘 어울리는 매력적인 존재이지만 물 관리에 어려움을 느낀다면 철제가구와 플라스틱 가구도 있다. 철제가구는 스위스 모듈 가구 브랜드인 USM을 추천한다.

USM은 1965년 스위스 엔지니어 파울 셰러Paul Schater와 건축가 프리츠 할러Fritz Haller의 합작으로 탄생한 세계 최초의 모듈러 퍼니처다. "형태는 기능을 따른다Form follows function"는 브랜드 철학을 갖고 있다. 모듈은 블록처럼 내가 원하는 대로 조립하고 확장할 수 있다. 다채로운 컬러의 조합도 매력 있다.

화분을 꽂을 수 있는 금속판 모듈도 출시된다. USM 가구 위 화분을 올려놓을 땐 꼭 바닥 보호 스티커를 사용한다. 도장한 금속이라 스크래치가 날 수 있기 때문이다.

카르텔Kartell은 1949년 이탈리아에 설립된 디자인 브랜드로, 폴리카보네이트를 압축 성형해 가구를 만든다. 플라스틱이라 화분을 올려두고 물이 좀 새어 나와도 전혀 신경이 쓰이지 않는다.

콤포니빌리Componibili는 원통형 수납장인데, 세계 3대 디자이너 중의 한 명인 카르텔의 창업자 줄리오 카스텔리의 부인이자 카르텔의 초기 디자이너기도 한 안나 카스텔리의 디자인이다.

3단장은 높이 58cm에 지름 32cm로, 코너에 식물을 배치하기 좋다. 콤포니빌리Componibili 2단장과 높낮이를 주어 배치하면 리듬감을 더할 수 있어 좋다.

모더니즘의 대표적인 디자이너로 손꼽히는 조 콜롬보의 보비 트롤리Boby Trolley와 이탈리아 브랜드 마지스Magis의 360도 트롤리도 플라스틱 재질이며, 바퀴가 있어 햇빛을 따라 이동하며 식물을 키울 수 있다.

이케아의 삿수마스SATSUMAS 시리즈도 가성비 좋은 화분스탠드이다. 글라돔GLADOM 트레이테이블은 지름 45cm, 높이 53cm로 지름 10cm 포트 화분을 열 개 정도 올려 키울 수 있다. 2만 원이 채 되지 않는 가격으로 나만의 정원을 만들 수 있다.

디자인 제품엔 유사품이 많다. 내가 물건을 구입할 때 철학이 있다면, 카피 제품은 구매하지 않는다는 것이다. 카피 제품은 디자인과 제품 생산에 투입한 창작자의 수고와 노력을 훔치는 일이기 때문이다. 새 제품 가격이 부담스럽게 느껴진다면 중고를 이용해도 좋다. 디자이너 브랜드는 늘 수요가 충분하기에 사용하다가 되팔기에도 수월하다. 잘 고르면 구입했던 가격보다 더 비싸게 판매할 수도 있고, 무엇보다 제품을 오래 사용하면 생산, 가공, 유통에 들어가는 에너지를 줄여 환경에 이롭다.

플랜트 박스

　식물을 담아 키우는 것은 모두 플랜트 박스라 할 수 있다. 나무 사과 박스나 고릴라텁 플라스틱 바구니 모두 플랜트 박스로 활용 가능하다. 플랜트 박스는 바닥에 놓고 키우게 되는데, 발에 자꾸 채이고, 관리할 때마다 몸을 쪼그려야 해서 식물 관리에 피로가 느껴진다.
　다리가 있는 플랜트 박스를 사용하면 관리가 매우 쉽다. 세로 20cm, 가로 60cm 크기의 철제 플랜트 박스라면 집안 곳곳에서 활용하기 좋다. 아기가 있는 집이라면 플랜트 박스를 벽에 고정해야 안전하다.

좁은 공간 활용법

식물을 키우고 싶은데 키울 공간이 없다고 이야기하는 사람이 많다. 그러나 식물을 키우는 데엔 그렇게 큰 공간이 필요하지 않다. 양변기 위에도 10cm짜리 포트 화분 5개는 올릴 수 있고, 주방 창틀에는 지름 10cm 컵에 담은 식물을 올려둘 수 있다. 하나를 키워도 마음을 담아 돌보고 그 식물이 아름답게 느껴지는 장소를 찾는 것. 이것이 플랜테리어다.

행잉 플랜트

식물을 키울 공간이 부족하다고 느껴지면 바닥에 놓는 대신 걸어보자. 바로 행잉 플랜트다. '행잉'은 식물을 걸어 키우는 걸 말한다. 식물은 밝은 창가에서 잘 자라므로, 창가의 커튼 박스를 활용하는 것이 좋다. 커튼 박스에 식물 전용 커튼레일을 설치하거나 고리형 나사못을 박아 설치할 수 있다.

화분을 걸 때 투명한 낚싯줄을 이용하면 시선에 걸리는 것 없이 행잉 플랜트를 즐길 수 있다. 낚싯줄로 마크라메 매듭을 지어 화분걸이를 만드는 것이다.

풍성한 느낌으로 연출하고 싶다면 고사리류, 접란, 박쥐란을, 줄을 타고 올라가는 모습을 보고 싶을 땐 스킨답서스, 아이비, 덩굴 식물류가 좋다.

행잉 플랜트에 물을 줄 때는 바닥에 큰 양동이나 냄비를 받쳐두면 편하다. 식물이 충분히 마시고 난 물이 화분을 지나 양동이에 똑똑 떨어지는 물소리는 감성을 깨운다.

사다리

바닥 면적이 좁다고 느낄 땐, 바닥 면적을 적게 차지하고 높이를 높게 올려 키울 수 있는 사

다리 형태의 가구를 대안으로 삼을 수 있다. 이때 가구 색을 고려해 재질과 색상을 고른다.

사다리에서 키울 땐 선반과 선반 사이의 높이를 고려한다. 한 칸의 간격이 30㎝라면 식물의 키는 15~20㎝ 정도가 적당하다. 여백의 미가 있을 때 더 아름답다.

좋아하는 식물들을 모아 놓는 진열대처럼 활용해도 좋다.

캥거루 농법

화분 위에 화분을 올려 키우는 방법이다. 지름이 30㎝ 이상 되는 화분이라면 흙 위에 작은 화분을 올려 키울 수 있다. 바닥 면적은 큰 화분 하나만큼만 사용하면서 동시에 여러 개의 화분을 키우는 방법이다. 마치 엄마 캥거루가 아기 캥거루를 품은 것 같아 '캥거루 농법'이라고 이름 붙였다.

캥거루 농법에선 큰 식물과 작은 식물의 물 주기 간격이 비슷한 게 좋다. 작은 화분에 물을 주면 큰 화분으로 물이 스며드니, 작은 화분은 건조한 환경을 좋아하는 식물을 올린다. 호야, 스킨답서스, 다육이 류도 좋다.

유리병 활용하기

예쁜 유리병이 보일 때마다 모아두면 플랜테리어에 활용할 수 있다.

세면대 근처, 주방 싱크 근처, 식탁이 좁은 공간에서 유리병은 화분을 대신하는 아주 좋은 대체제다. 여행을 가면 현지에서만 판매되는 병이 예쁜 음료수나 우유를 잘 골라 내용물은 마시고 병을 가져온다. 여행지에서의 기억을 두고두고 떠올릴 수 있다.

예쁜 병에 식물을 수경재배하거나, 줄기를 다듬고 난 가지를 꽂아두면 그 자체로 훌륭한 오브제가 된다. 식물을 담은 유리병도 3, 5, 7개 홀수로 진열하자. 식물을 꽂은 병도 디자인의 원리와 요소에 따라 강약중강약 리듬에 따라 배치한다.

벽 플랜테리어

벽은 도화지다. 요즘엔 벽에 못 구멍이나 상처를 내지 않고도 걸거나 붙일 수 있는 접착 테이프가 많아져 자유롭게 활용할 수 있다. 아름답게 꾸미는 건 어렵지 않다. 스스로 느끼기에 '와, 멋진데!' 하는 생각이 들도록 붙이고, 걸고, 키우면 된다. 어린아이가 놀이를 하듯 즐거운 마음으로 도전해 볼 것!

식물 포스터

식물을 많이 키우긴 부담스럽고 식물의 느낌은 살리고 싶을 때 식물이 그려진 포스터를 활용하는 방법이 있다. 정원생활 바이 오랑쥬리, 틸테이블 등에서 만날 수 있다.

포스터는 배경이 되어 깊은 숲처럼 심도를 준다. 식물이 많아 보이는 착시 효과는 덤이다.

포스터를 벽에 붙일 때엔 이케아 알프타ALFTA 양면테이프나 커맨드 찍찍이, 몬스터 클리어 젤이 좋다. 단단하게 고정되고 제거도 말끔하다. 벽지 위에 사용할 땐 강한 접착력 때문에 벽지가 찢어질 수 있으므로 천천히 돌돌 말아 떼어내는 것이 팁.

벽 화분

벽에 납작한 플라스틱 화분을 붙여 식물을 키울 수 있다. 금속이나 무거운 화분은 피하는 것이 좋다. 혹시 떨어지면 다칠 위험이 있기 때문이다. 플라스틱 박스에 갈색 포트 화분을 그대로 넣고, 수경재배나 저면 관수로 키워도 좋다.

벽 선반

벽에 못을 박을 수 있는 상황이라면 선반을 설치 시공하면 활용도가 높다.

스트링 시스템String System은 스웨덴의 건축가이자 디자이너 니세 스트리닝Nisse strinning의 벽 시스템 브랜드로, 확장이 가능한 모듈 시스템이다. 높이 50cm에 가로 60cm 선반으로, 동선을 막지 않아 사용이 편리하다. 15cm는 폭이 좁은 것 같지만 신국판 이하의 서적을 수납할 수 있는 경제적인 크기다.

우리나라 브랜드로는 레어로우의 벽 선반이 스테디셀러로 자리잡은 추세다.

식물 액자

식물을 액자 형태로 심어 벽에 거는 방법도 있다. 덩굴식물을 심거나, 이끼로 작은 정원을 만들어 벽에 걸어도 좋다. 이끼는 분무해 주는 습도로도 잘 자라기 때문에 식물 액자에 적합하다.

TIP. 벽에 식물을 고정할 때 쓰는 도구들

- **꼭꼬핀**
  실크 벽지에 활용하기 좋은 아이템. 벽에 핀을 꽂듯 꽂아 사용한다. 개당 2㎏ 정도의 무게를 지지할 수 있다. 작은 핀 구멍이 생겨서 벽 손상이 적은 편. 여러 개를 사용하면 벽지가 찢어지는 일도 있으니 주의할 것.

- **이케아 알프타ALFTA 양면 테이프와 접착식 후크**
  이케아에서 출시한 양면 테이프. 대리석이나 타일, 가구 표면에 붙일 때 유용하다. 벽지에 붙일 땐 표면이 손상되는 경우도 있으니 주의할 것. 말끔하게 제거되어 마음 편하게 사용할 수 있다.

- **3M 커맨드 찍찍이 테이프**
  찍찍이 형태로 되어 있어 붙였다 뗄 수 있다. 건전지 교체가 필요한 시계나 그림을 교체할 수 있는 액자 같은 경우에 적합하다. 벽지 표면은 손상될 가능성이 있다.

- **실리콘 테이프**
  초강력 접착력을 갖고 있어 크고 무거운 액자나 식물도 부착이 가능하다. 벽지 손상 가능성이 있으니 제거 시 주의할 것. 실리콘 테이프 위에 식물 관리 도구, 삽, 가위, 스프레이를 붙여 두고 사용해도 편리하다.

- **시침핀**
  식물이 벽을 타고 늘어지는 모습을 연출하고 싶을 때 사용하기 좋다. 시침핀을 벽지에 꽂고, 그 사이에 줄기를 두면 길을 잡아주기가 수월하다.

데스크 플랜테리어

요즘은 재택근무가 많아 사무실에 개인 책상이 사라지는 추세지만, 책상 위 식물이 있다면 생산성과 효율이 올라간다. 식물을 볼 때 뇌에서 알파파 형성이 활발해지면서 마음이 편안해지고, 집중도가 올라가기 때문이다.

테라리엄

흙과 물이 넘칠 일 없는 테라리엄은 데스크와 잘 어울린다. 유리그릇이 있다면 테라리엄을 만들어도 좋다. 물구멍이 없는 유리그릇에 배수층을 만들어준다. 활성탄과 맥반석을 섞어서 깔면 진균병을 막을 수 있다. 배양토를 깔고 식물을 심는다. 이디엄 고사리, 더피 고사리, 보스턴 고사리, 피토니아 같이 습기를 좋아하는 식물들이 좋다. 유리함 안에서 수분을 마시고 배출하고 호흡하는 작은 식물 생태계가 생긴다.

펜 꽂이 화분

펜 꽂이도 다육식물을 위한 화분으로 쓸 수 있다. 펜과 함께 꽂아두어도 좋고, 식물만 심어도 좋다. 다육이는 선인장과 식물로 물을 아주 가끔 주며 건조하게 키워도 잘 자란다. 착생 식물인 틸란드시아를 툭 얹어두어도 좋다.

어떤 종류의 펜 꽂이라도 사용할 수 있지만, 스위스 가구 브랜드 비트라Vitra의 오타이디O-Tide를 추천하고 싶다. 플라스틱이라 물기에 강하고 깨질 염려가 없다. 우리나라 브랜드로는 테일디자인Tale의 머시룸 트레이가 있다.

모니터에 식물 키우기, 모니트리

모니트리Monitree라는 이름으로, 모니터 가장자리에 부착해 식물을 키우는 화분이 있다. 공간을 가장 적게 사용하며 식물을 키울 수 있는 장점이 있다. 다만 좁은 공간에서 키울 수 있는 식물의 종류가 한정되어 있다는 점이 아쉽지만, 책상 위에서 쉽고 편하게 식물을 즐길 수 있는 플랜테리어임은 분명하다. 식물등과 함께 사용하면 식물 성장에 부족한 빛도 공급할 수 있다.

고양이를 위한 플랜테리어

강아지는 매일 산책으로 운동을 하지만, 영역 동물인 고양이는 주로 집안에서 시간을 보낸다. 캣타워를 통해 운동을 유도하지만 캣타워의 부피가 생각보다 커서 공간을 많이 차지하고, 고양이에 따라 캣타워를 좋아하지 않는 경우도 있어 활용도가 떨어지기도 한다. 우리 집 고양이 별이는 캣타워를 그다지 좋아하지 않았고, 운동량이 부족해서 배가 도톰해졌다.

높이 200cm 책장, 120cm의 책장, 45cm의 스툴로 고양이를 위한 환경을 만들었다. 120cm 책장을 가운데 두고 양쪽으로 200cm 책장을 세웠다. 120cm 책장에서 한 번에 내려오기 버거워 하는 것 같아 높이 45cm 스툴을 놓았다. 한 계단 높이가 약 80cm인 캣타워인 셈이다.

고양이의 관절 보호를 위해 120cm 장식장과 45cm 스툴 위엔 폭신한 방석을 깔아주었다. 책장 위엔 고양이가 좋아하는 식물인 접란을 올렸다. 하루에도 몇 번씩 식물을 먹으러 올라가는 별이를 볼 수 있다. 처음엔 조심스럽게 올라가더니 이제 번개처럼 오른다. 속도가 점점 빨라짐과 함께 뱃살이 사라졌다.

고양이에게 안전한 식물을 가구 높은 곳에 함께 배치해 주면 오르락내리락 운동하며 맛있게 먹는다. 안심하고 먹을 수 있는 식물로는 시페루스, 골풀, 접란, 테이블야자, 아레카야자, 바질, 로즈메리 등이 있다. 고양이마다 선호하는 식물이 다르므로 관찰한 다음 풍성하게 배치해 주는 편이 좋다. 별이는 사초과 식물 시페루스를 가장 좋아한다.

반려동물을 키울 경우 독성이 있는 식물을 먹고 탈이 날까 걱정 된다. 별이의 경우, 식물 200여 개가 있는 상태에서 함께 살게 되었는데, 우려와 달리 아무 식물이나 먹진 않았다. 고양이의 성격에 따라 조금씩 다르지만 고양이도 자기 입에 맞있는 식물을 먹

기 때문에 크게 걱정할 필요는 없다. 보다 자세한 식물 정보를 알고 싶을 땐 미국 동물학대 방지협회에서 제공하는 사이트 https://www.aspca.org/가 있다. 고양이를 위한 독성, 무독성 식물 리스트는 다음 QR코드를 찍어 확인하길 권한다.

고양이는 흙을 파낸 다음 용변을 보고 다시 흙으로 덮는 습성이 있어 지름이 큰 화분에 올라가 발로 흙을 파 마루로 던지는 모습을 볼 수 있다. 한없이 귀여운 모습이지만 한편으로는 마루가 손상될 가능성이 있어 반갑지 않기도 하다. 고양이가 올라 갈 만큼 큰 화분이 있다면 표면을 장식용 돌로 덮어 준다. 귀여우면서도 난감한 양가감정에서 벗어날 수 있다.

고양이를 위한 독성, 무독성 식물 리스트

공간별 플랜테리어 연출법

실내 공간은 용도별로 현관, 거실, 침실, 주방, 욕실, 베란다로 나누어 볼 수 있다. 주택이라면 마당과 정원이 더해질 것이다. 각각 용도에 맞게 공간을 구성하고, 관리 가능한 식물을 배치하면 아름답고 실용적인 공간을 만들 수 있다.

현관

현관은 외부 공기가 유입되는 장소고, 집안의 얼굴이므로 늘 깨끗하게 유지하고, 신발은 바로바로 신발장에 정리하는 것이 좋다. 신발장 특유의 냄새가 있으므로 탈취제를 배치한다. 교체한 정수기 탄소 필터를 말려 사용하면 자원을 알뜰하게 살려 쓰고, 냄새를 효과적으로 제거할 수 있다. 커피 찌꺼기나 오래된 커피 원두도 탈취제로 사용할 수 있다. 벽 쪽으로 나무 프레임의 거울을 달아주면 옷매무새를 점검하기도 좋고, 풍수에도 이롭다.

빛이 부족한 현관에는 음지식물을 배치하는 것이 좋다. 대표적인 음지식물로는 맥문동이 있다. 암모니아를 제거하며, 공기정화식물이고, 자생식물이라 가격도 저렴하고 무엇보다 잘 자란다. 맥문동은 물 빠짐이 좋은 흙에서 키운다. 모래를 섞어 심어준다. 코너 쪽에 20~30cm 지름의 동그란 플라스틱 화분 하나 정도 놓는 것을 추천한다. 신발을 신고 벗는 곳은 넘어질 우려가 있다. 안전을 고려해야 하므로 깨지지 않는 소재를 고른다.

조금 더 예쁘게 연출하고 싶을 땐 코너에 펜던트 등을 하나 내리고, 식물등 전구를 끼워 빛을 공급하고, 행잉 플랜트를 걸어도 좋다.

복도

복도는 이동에 사용되는 공간으로 특별한 스타일링을 하지 않는 편이다. 일상의 감도를 높이려면 마음에 드는 그림이나 사진 등을 걸어본다. 작은 그림을 여러 개 붙이는 것보다 시선을 집중시키는 오브제 역할을 하는 한두 개를 거는 게 좋다. 작은 사진 여러 개를 보고 싶다면 종이 한 장에 예쁘게 배치한 다음 큰 프레임의 액자에 넣어 걸자. 풍수에도 이롭다.

바닥과 벽이 만나 발길이 닿지 않는 데드 스페이스엔 먼지가 쌓이는데, 이 공간에 식물을 키우면 먼지를 줄일 수 있다. 바닥 폭이 10㎝ 안쪽의 플랜트박스에 식물을 담아 키우면 동선에 불편함을 주지 않는다. 공기정화식물 스파티필룸을 추천한다. 납작하게 키울 수 있어 부피도 많이 차지하지 않고, 피부에 닿는 느낌도 부드럽고, 꽃도 볼 수 있다.

식물을 좀 더 풍성하게 보고 싶을 땐 벽에 그림 대신 식물을 걸어 키울 수 있다. 식물 액자, 다육식물로 만든 리스를 걸 수 있지만 복도는 움직임이 많은 곳이기 때문에 오갈 때마다 식물이 몸에 스칠 수 있다는 점을 감안하자.

주방

주방의 살림살이는 보이지 않게 모두 수납하는 것이 좋다. 특히 칼은 보이지 않는 곳에 보관한다. 위험한 도구를 보면 무의식적으로 긴장하게 되기 때문이다. 숟가락은 숟가락끼리, 젓가락은 젓가락끼리, 이렇게 같은 종류끼리 수납한다. 찾는 데 드는 시간이 줄어든다. 수전과 수도꼭지는 항상 반짝반짝하게 유지한다.

주방은 불을 사용하는 공간이다. 요즘 가스레인지 사용하는 가정은 많이 줄어들고 있지만 가스불의 화력을 좋아하는 사람도 있다. 가스가 불완전 연소될 때 일산화탄소가 발생하는데, 스킨답서스는 일산화탄소를 가장 잘 제거하는 식물이다.

스킨답서스 줄기를 잘라 주방 후드 위에서 수경재배로 키워도 좋다. 후드 위 먼지 제거의 효과도 있다. 냉장고 위도 식물 키우기 좋은 공간이다. 늘 따뜻하기 때문에 식물이 잘 자란다.

거실에서 주방을 바라보는 면은 식물로 파티션을 쳐도 좋다. 개운죽, 무늬 싱고니움, 아스파라거스 미리오클라두스를 추천한다. 주방은 식물을 유리병에 수경재배 하는 것이 잘 어울린다. 시각적으로 청결함을 주기 때문이다. 해가 잘 드는 주방이라면 허브류도 좋다. 향도 즐기고, 먹을 수 있는 식물이라 완성된 요리 위 허브 끝을 잘라 올리면 싱싱한 가니시가 된다.

거실

거실은 공용 공간으로 가족의 라이프스타일에 대한 분석을 한 다음, 그에 따라 가구를 배치하고 동선을 고려한다. 간혹 거실 사용 빈도가 낮은 경우를 만난다. 벽면에 높은 책장을 두고 독서실처럼 넓은 테이블을 놓았지만 아무도 이용하지 않는 경우가 그렇다. 만들어 두고 자주 사용하지 않는 공간은 공간만큼의 거주 비용을 버리는 것과 같다.

함께 모여 식사하고 이야기 나누기를 좋아한다면 큰 테이블을 준비하는 게 좋다. 다 같이 영화 보기를 좋아하는 집이라면 낮은 소파와 스크린을 놓는다. 음악 듣기를 좋아하는 가족이라면 낮고 푹신한 소파와 다리를 올려놓을 수 있는 오토만이 좋을 것이다.

하늘보다 땅의 색이 진한 것처럼 천장보다는 바닥 색이 짙은 편이 좋다. 소파는 패브릭 소재가 좋다. 콘솔, 테이블, 책장, 서랍장 등으로 가구의 높낮이를 주면 리듬감이 생긴다.

가구를 배치한 다음 식물을 놓는다. 거실엔 집 전체 플랜테리어의 중심을 드러낼 만한 큰 식물을 놓는다. 바닥부터 천장까지 층고를 확인한 후, 식물의 키를 정한다. 앞으로 자랄 것을 감안하면 180㎝에서 200㎝ 정도의 식물을 데려오는 편이 좋다. 각종 고무나무, 아레카야자, 아로우카리아, 행운목을 추천한다. 공기정화식물이며, 내성이 강해 오래 키울 수 있다.

화분 색상은 분위기에 맞게 선택한다. 가구에 원목이 많다면 토분을, 선명한 플라스틱 컬러나 철제가구가 많다면 모던한 느낌의 세라믹 화분이 잘 어울린다.

소파 뒤에 벤치를 두고 벤치 위에 식물을 올려 키우면 공간을 많이 차지하지 않으면서 싱그러운 공간을 만들 수 있다. 벤치의 높이는 의자 평균 높이인 45㎝ 내외가 식물의 받침대로 쓰기 좋다. 식물을 많이 키울 때는 받침대를 적극 활용하는 편이 좋다. 무릎과 허리를 보호할 수 있다.

가구 위에도 식물을 놓을 수 있다. 시선이 닿는 곳에 놓여 있는 식물은 공간에 생동감을 불어 넣는다. 식물을 하나도 안 키우는 사람은 있어도 하나만 키우는 사람은 없다는 말이 있다. 키우기 시작하면 금세 식물이 많아진다. 식물이 주는 생명의 힘을 느끼기 때문이다.

침실

침실은 완전한 휴식공간이다. 침실 가구는 나무로 만든 게 좋다. 침대 매트리스는 바닥면에서 40㎝ 정도 올라오도록 놓는다. 미세먼지는 바닥으로 가라앉는 성질이 있어 최소한 30㎝ 이상 올라오는 게 좋고, 너무 높은 매트리스는 떨어질까 몸이 긴장하게 된다. 침구는 따뜻한 색으로 고르는 것이 신체 에너지 흐름에 도움이 된다.

침대의 머리는 벽 쪽을 향하게 하는데, 헤드보드가 있는 침대라면 어느 쪽이든 상관없다. 동선을 고려해서 정하면 된다. 헤드보드에도 식물을 걸어 건강을 챙길 수 있다.

침실에서 키우기 좋은 식물은 산세비에리아다. 산세비에리아는 용설란과의 식물로, 밤에 산소를 내뿜는다. 알로에, 호접란도 밤에 광합성을 하는 식물이다. 동선을 막지 않는 선에서 작은 화분을 여러 개 놓아 산소 공급 효과를 극대화하길 추천한다.

침실 커튼 박스 안에 식물용 커튼레일을 하나 더 설치하면 행잉 플랜트를 자유롭게 걸 수 있다. 아침 햇살을 맞는 식물을 보며 잠에서 깨면 기분도 좋아진다.

화장실

고온다습한 화장실은 식물이 자라기 좋은 환경이다. 화장실은 냄새를 잘 제거하는 식물을 중심으로 배치한다. 관음죽은 암모니아를 잘 제거하는 식물이고, 나사의 공기정화식물 목록에 두 번째로 있다. 맥문동도 좋다.

샤워부스가 있는 욕실이라면 유리 부스에 걸어 키우는 행잉 플랜트를 추천한다. 욕실에 부족한 빛은 식물등으로 해결한다. 에너지 사용을 줄이고 싶다면, 이따금 욕실 밖으로 꺼내 햇빛 샤워를 시킨 다음 다시 욕실로 데려가는 방법도 있다.

6

공사 없이 분위기를 바꾸는
인테리어 스타일링

INTERIOR STYLING

인테리어 공사 없이 분위기를 바꾸는 법

인테리어 공사는 집의 분위기를 바꿀 수 있는 가장 확실한 방법이다. 그러나 분위기 전환이 필요할 때마다 공사를 할 순 없다. 비용도 비용이지만 수고가 만만치 않고, 건축 폐기물은 지구 환경에도 해가 되기 때문이다. 간단하게 분위기를 전환할 수 있는 방법 몇 가지를 소개한다.

벽

늘 그곳에 있는 벽은 특별한 가치를 느끼지 못 하다가, 어느 순간 눈길이 가기 시작하면 뭔가 변화를 주지 않고서는 견딜 수 없을 만큼 불편하게 느껴진다. 그때 적은 수고로 큰 변화를 가져오는 네 가지 방법이 있다.

커튼

가로 36cm 이상의 공간이라면 커튼을 설치할 수 있다. 커튼레일이 1m 미만이라면 천장에 두 개의 브래킷으로 설치할 수 있고, 한 개의 브래킷은 한 개의 나사못으로 고정하므로, 1m 레일 시공엔 못 두 개가 필요하다. 천장에 난 구멍의 원상 복구도 쉽다. 하얀 천장 벽지에 난 구멍은 하얀 치약을 사용하면 감쪽같이 메울 수 있다.

빛이 투과되는 차르르한 반투명 흰색 커튼도 어떤 공간에든 무난하게 어울리는 편이다. 차르르 커튼은 인기가 많아 베스트셀러를 넘어 스테디셀러로 가고 있다. 베란다로 나가는 쪽문을 가릴 때에도 좋다. 이케아 커튼은 색상과 질감이 다양하고 가성비도 좋다.

부분 페인팅

부분 페인팅도 분위기 전환에 효과적이다. 도배지 위에 페인트를 칠하면 원상복구 할 방법은 없지만, 한 면 정도는 재미 삼아 직접 칠해볼 만하다. 우리 집 컬러칩을 활용해 색을 고르

고, 기존 벽면과 비슷한 정도의 광택을 선택하는 것이 좋다.

반짝반짝한 광택은 '유광', 달걀 껍데기 표면 정도의 광택은 '반광' 또는 '에그쉘', 광택이 전혀 없는 페인트는 '무광'이다. 1ℓ 페인트 한 통으로 $3m \times 2.3m$ 면적을 칠할 수 있다.

부분 도배

벽면 한 쪽의 색과 무늬를 바꾸는 데엔 도배가 최고다.

도배할 땐 벽지에 풀을 바르는 것이 어렵다. 벽지의 면적도 넓고, 무겁고, 풀을 바르는 동안 바닥에 풀이 뚝뚝 떨어져 일거리가 많아지기 때문이다. '풀 바른 벽지'를 구입해 사용하면 수고를 상당 부분 덜 수 있다.

'풀을 발랐다'고 표현하지만 사실 벽지를 풀에 흠뻑 적신 셈이다. 벽지가 풀을 많이 머금고 있을수록 벽과 벽지의 접착력이 강해져 잘 부착된다. 표면에 PVC 엠보싱이 되어 있는 벽지가 아니라면 벽지 위에 도배가 가능해 일손을 줄일 수 있다. 먼저 벽지 샘플을 받아본 후 본품을 주문할 수 있으니, 컬러 선택에 따른 시행착오를 줄일 수 있다.

그림이나 액자, 거울

그림이나 액자를 걸어 시선을 분산시키는 것도 좋은 방법이다. 구입한 원화가 있다면 자주 보는 곳에 걸어준다. 좋은 그림을 고를 자신이 없다면 오픈갤러리opengallery 등의 그림 렌탈 서비스도 있다. 월 구독료를 지불하는 형태로 부담 없이 오리지널 그림을 만날 수 있다. 위작이나 모작은 예술작품이 주는 좋은 기운을 느끼기 어렵다.

컬렉팅 입문자라면 아시아프 전시를 추천한다. 신인 아티스트의 작품이 천여 점 넘게 전시가 되어 볼거리가 가득한 포만감을 준다. 많은 작품을 한꺼번에 볼 때의 장점은 마음으로 들어오는 작품을 고를 수 있다는 것이다.

첫 구매라면 10호 미만의 작은 작품으로 시도해 보는 편이 좋다. 한 점 두 점 늘려가며 취향을 찾는다. 눈에 띄는 작가가 있다면 그림과 함께 기록해 둔다. 개인전을 꾸준히 여는 작가의 작품이 좋다. 작가가 개인전을 자주 연다는 이야기는 성실하게 작업한다는 의미이고, 꾸준히 열린다는 의미는 컬렉터 층도 두터워진다는 말이다. 재테크의 목적으로 그림을 구입하는 건 아니지만, 작품 가치도 올라갈 가능성이 있다. 작가와 함께 성장하는 뿌듯함은 덤이다.

그림을 꼭 구입하지 않아도 좋다. 아이들이 자라며 그린 그림, 기억하고 싶은 순간의 사진

등등 가족의 이야기 중 마음에 드는 것이 있다면 액자를 만들어 걸어도 훌륭한 작품이 된다. 사랑하는 이의 이야기는 고유하고 소중한 것이다. 얼마든지 드러내도 좋다. 아름다운 액자는 모리함moriham에서 만날 수 있다.

거울도 적극 활용하자. 에너지를 주는 컬러감이 가득한 거울도 좋고, 자신의 취향에 맞는 거울이라면 무엇이든 좋다. 둥근 유선형의 거울은 식물과도 잘 어울린다. 부드러운 갈색, 풀색 러그와 함께 사용하면 자연이 실내로 들어온 것 같은 편안함을 느낄 수 있다.

바닥

바닥은 공간에서 차지하는 비중이 크다. 그만큼 바닥 마감재를 교체하면 분위기가 드라마틱하게 변한다. 문제는 바닥 교체를 위해 냉장고, 텔레비전, 소파, 침대 같은 대형 살림살이를 모두 걷어내야 가능하다는 것. 번거로움 때문에 어쩔 수 없다는 마음으로 포기하게 되는 경우가 대부분이다. 물론, 방법은 있다.

카펫 타일

카펫 타일은 비교적 적은 비용으로 분위기를 전환할 수 있는 아이템이다. 50㎝ 정방형 크기이고, 칼로 쉽게 자를 수 있어 직접 시공도 가능하다. 소음도 줄일 수 있고, 바닥의 찬 기운을 차단할 수 있는 장점이 있다. 색상이 크레파스만큼 다양하다. 주거 공간에 시공한다면, 인간은 본능적으로 바닥이 흙색을 띠고 있을 때 안정감을 느낀다는 사실을 기억해 두자.

카펫 특성상 먼지가 발생할 수 있다는 점, 마루와 카펫 타일 사이에 습기가 차면 곰팡이 발생 가능성이 있다는 것을 고려한다.

얇은 러그 여러 장 깔기

물세탁이 가능한 러그를 여러 장 깔아주는 방법도 있다. 카펫보다 러그를 추천하는 이유는 사계절이 뚜렷한 우리나라 기후에서 두꺼운 카펫은 관리의 어려움이 있기 때문이다. 고온다습한 여름 카펫에 곰팡이균 등 세균이 번식할 가능성이 높은데, 세탁이 힘들면 난감하다.

기계 세탁이 되지 않는 8.5㎏ 울 카펫을 세탁전문점에 맡겼는데, 세탁비가 카펫 가격의 절반에 가까웠다. 세탁이 가능한 얇은 러그를 여러 겹 겹쳐 깔아 카펫처럼 두께감과 양감을 만들어 준다. 더러워질 때마다 한 장씩 빼서 세탁하면 되니 관리가 편리하다. 분위기도 확실하게 바꿀 수 있다.

전등, 스위치, 콘센트, 문 손잡이 교체

인테리어 마감재 중에서도 등, 스위치, 콘센트, 문 손잡이는 하루에도 몇 번씩 사용한다. 매일 눈길과 손길이 닿는 것을 꼭 마음에 드는 것으로 교체하면 삶의 질이 올라간다.

거실등과 방등은 부피가 커 교체가 부담스럽게 느껴지지만 막상 해보면 아주 쉽다. 등 브래킷이 나사못 몇 개로 고정될 만큼 간단하다. 전선 연결이 어렵게 느껴지지만 까만 비닐을 벗겨 플라스틱 커넥터에 끼워 넣기만 하면 된다. 교체 시 필히 두꺼비집의 전등 스위치를 내리고, 등 교체할 때 쌓여 있던 먼지가 얼굴로 떨어지는 것을 주의할 것. 보안경을 끼고 작업하는 게 좋다.

스위치와 콘센트도 매일 사용하는 아이템이다. 스위치의 소리, 촉감, 켜고 끌 때의 느낌을 관찰하고 마음에 드는 것을 고른다. 스위치와 콘센트 사진을 찍어 판매자에게 문의하는 방법도 있다. 규격 사이즈라면 커버만 교체할 수 있다. 규격이 아닐 경우 내부 금속 박스도 바꿔야 한다. 마이너스 몰딩 시공과 잘 어울려 인기 높은 독일 브랜드 융Jung 스위치는 국내 규격 사이즈와 맞지 않아 별도의 벽체 시공이 필요하다.

한편, 문 손잡이도 분위기 전환에 큰 몫을 한다.

일반적인 아파트의 경우 방문 손잡이는 규격 사이즈라 교체가 편리하다. 국내 브랜드 제품으로는 도무스domus, 수입 제품으로는 독일 브랜드 호페hoppe를 추천한다. 호페는 문 두께가 35~45mm 사이인 경우 시공 가능하다. 공간을 임대한 경우 교체 전 전등, 손잡이, 스위치, 콘센트를 보관해 두었다가 퇴거 전에 원상복구 하면 임대차 계약에 문제없다.

시점

공간엔 시점이 있다. '시점視點'은 눈길이 닿아 맺히는 곳이다. 집 안에선 문틀, 창틀, 벽과 벽 사이 공간을 액자라 생각하고 그 공간에 장식 요소를 배치한다.

일반적으로 문을 열면 시선이 맞닿는 곳에 책장이 있다. 책장은 살림살이 중에서 썩 아름답지 않은 것에 속한다. 책 하나하나의 디자인은 더할 나위 없이 예쁘지만, 빨간 책, 노란 책, 핸드북, 백과사전이 모여 있으면 책등의 디자인, 두께, 키가 다 달라 시선이 끊기며 소음을 만들어낸다. 가장 잘 보이는 곳에 가장 정신없는 오브제를 두는 셈이다.

책장은 문 뒤쪽으로 배치한다. 일반적인 책장의 깊이는 280~400mm로, 방문이 활짝 열리진 않지만 방을 드나드는 데엔 문제없다. 책장이나 옷걸이처럼 드러내고 싶지 않은 가구는 문을

열었을 때 문 뒤로 배치하는 편이 낫다.

　문을 열었을 때 정면에 보이는 장소엔 자주 보고 싶은 예쁜 것을 배치한다. 스타일링에 자신 없다면 비워두어도 괜찮다. 집중력을 높이는 데 도움이 된다.
　이를 테면, 앞 도면 속 빨간 부분엔 강조하고 싶은 아름다운 오브제를, 초록색 부분엔 책장이나 옷장 등 소란스러운 살림살이를 배치하면 놀랄 만큼 정돈되고 말끔한 공간이 된다.
　그림이나 식물을 걸고자 한다면 중앙이 바닥면으로부터 145㎝에서 155㎝ 사이에 오도록 배치한다. 그림을 한 개 걸 경우는 한 개의 중앙을, 여러 개의 그림을 걸 때엔 전체 면적의 중앙을 기준으로 한다. 시선이 닿는 높이는 가족 구성원의 키에 따라 정한다. 가족 구성원들의 키가 큰 편이라면 조금 더 높게 걸어도 된다.

동선 체크하기

　실내 공간에서 동선의 중요성은 아무리 말해도 지나치지 않다. 동선은 공기처럼 흐르는 게 좋다. 동선이 툭툭 끊기는 공간에선 몸의 움직임이 함께 끊겨 금세 피로해지기 때문이다. 동선을 체크하는 가장 좋은 방법은 공간 안에서 몸을 움직이며 흐름을 체크해 보는 것이다.

　지금 현재 거주하고 있는 집의 주방은 중앙에 아일랜드가 위치한 11자 형이다. 아일랜드엔 전기 레인지와 후드가 있고, 한쪽엔 개수대가, 맞은편엔 냉장고가 있다. 냉장고에서 식재료를 꺼내 몸을 돌리면 바로 아일랜드 위에 올릴 수 있다. 그러나 아일랜드 너머 맞은편에 개수대가 있기 때문에 동선이 긴 편이다. 개수대에서 씻은 후 다시 몸을 돌려 아일랜드 테이블 위 도마에서 당근, 양파, 호박, 파 등을 송송 썬 다음 바로 프라이팬 위에 담을 수 있다.

두 사람이 요리를 하려면 개수대에서 냉장고에 가는 사람의 동선과 냉장고에서 조리대로 가려는 움직임이 계속 엉킨다. 동선이 부딪힐 땐 어느 한 사람은 움직임을 멈추고 기다려야 한다. 함께 요리를 하는 재미도 있지만 움직임을 멈추고 기다릴 때의 시간과 브레이크 걸리는 몸은 효율성이 떨어진다.

둘이 함께 식사 준비를 하면 더 빨리할 수 있을 것 같았지만 혼자 하는 시간과 다르지 않았다. 그래서 한 사람은 조리를 담당하고, 다른 한 사람은 설거지를 하는 식으로 동선과 시간을 나눴다. 주방은 냉장고, 재료 준비대, 개수대, 가열 기구가 있는 조리대, 식탁 순서로 놓일 때 동선이 편리하다.

자꾸 움직임이 멈추는 공간이나 몸이 부딪히는 가구가 있다면 그 가구는 자리를 옮긴다. 몸을 다치게 할 수 있다. 식물에게 물을 주는데 피로함을 느낀다면 식물을 한데 모으고, 허리를 굽히지 않을 정도의 높이를 만든다. 벤치 의자, 의자, 스툴 위에 올리면 허리를 굽혀야 하고, 80~85cm 정도 아일랜드 조리대 높이라면 허리를 굽히지 않아도 관리할 수 있다.

평면도 배치법

집의 평면도를 준비한다. 일러스트레이터나 스케치업 프로그램을 사용해도 되지만, 종이 가구 놀이도 만만치 않게 재미있다. 가족 구성원 모두 모여 앉아 네모 종이를 이렇게 저렇게 옮기며 동선을 잡아도 좋다.

1m를 1cm로 계산해 출력한다. 84m^2 아파트를 기준으로 전체 가로 세로가 14m, 10m 정도다. 평면도는 14cm, 10cm로 출력한다. 그 위에 들어가야 하는 가구를 바닥 크기를 기준으로 자른다. 인형놀이를 한다고 생각하면 쉽다.

3인용 소파라면 가로 2m, 세로 90cm다. 2cm, 0.9cm 종잇조각으로 자른 다음 '소파'라고 적는다. 4인용 식탁이라면 가로 140cm, 세로 80cm 내외다. 식탁은 1.4cm, 0.8cm 조각이 된다. 이 위엔 '식탁'이라고 적는다. 빌트인 냉장고는 가로 90cm, 세로 60cm다. 냉장고는 0.9cm, 0.6cm 조각이 된다.

참고로 일반적인 싱글(S) 사이즈 침대는 1,000×2,000mm, 슈퍼싱글(SS) 침대는 1,100×2,000mm, 더블(D) 사이즈 침대는 1,400×2,000mm, 퀸(Q) 사이즈 침대는 1,500×2,000mm, 킹(K) 사이즈 침대는 1,600×2,000mm, 라지킹(LK) 사이즈 침대는 1,800×2,000mm이다.

이런 식으로 가지고 있는 가구를 모두 오린다. 각 조각마다 색연필이나 마카로 색을 칠해 구분하면 직관적이라 좋다. 그다음 평면도 위에 종잇조각을 놓고 배치한다. 주방 공간엔 냉장고와 식탁을 배치할 땐 식탁의 방향을 싱크대와 평행하게 ㅡ자 형으로 놓을 것인지, 아일랜드와 직각으로 만나도록 T자로 놓을 것인지 식탁 네모 종이를 돌리며 가늠한다. 가구와 가구 사이, 벽과 가구 사이 동선은 900mm를 확보하면 넉넉하다. 좁은 공간일수록 동선을 정하고 가구를 배치하면 삶의 질이 높아진다.

필요한 가구를 얹어 동선을 정했다면 시점이 닿는 곳에 놓을 오브제를 생각해 본다. 그림, 식물, 액자 등이 될 것이다.

가족의 소중한 이야기가 담긴 공간을 마련하는 것도 놓치지 말자. 큰 공간이 아니어도 가족들은 볼 때마다 추억을 되살리고, 정서적 안정감을 느낀다. 우리 집엔 더리빙팩토리 Thelivingfactory 웜화이트 색상 트레이 위에 엄마, 아빠, 풍선을 든 아이 모양의 플레이 모빌을 올리고, 그 옆에 사진을 두었다. 사진 속엔 에펠탑을 배경으로 당시 두 살짜리 아들이 엄마를 향해 전속력으로 달려오고 있다.

7

식물이 돋보이는
인테리어 공사

REMODELING

식물과 조화로운 인테리어를 하려면?

때때로 우린 자연 속에 살던 동물이라는 것을 잊고 지내지만, 숲이나 바다에서 편안한 마음을 느끼는 걸 보면 비록 안전한 콘크리트 벽 안에 살고 있어도 자연을 그리워하고 있음에 분명하다. 사람과 자연이 함께 어울려 사는 바이오필릭 플랜테리어를 위해선 다음 세 가지 사항을 기억해 두자.

'선'이 중요하다. 자연 속 수평선, 지평선, 숲의 세로 선을 차용한다

바다에서 수평선을 만나면 어떤 느낌이 드는가? 하늘과 바다가 맞닿은 곳, 가로로 길게 펼쳐진 수평선을 바라보면 마음이 편안해진다. 평평한 땅이 계속 펼쳐지는 지평선을 만났을 때도 비슷한 기분을 느낄 수 있다.

우리가 지평선이나 수평선을 편안하게 느끼는 것은 툭 튀어나오거나 끊어지는 부분 없이 가로로 긴 선이 한번에 이어지기 때문이다. 집에도 가로로 긴 선을 확보할수록 마음이 편안한 공간이 된다. 가로로 긴 평평한 선을 가능하면 많이 확보하는 것이 좋다. 싱크대 위, 테이블 위, 식탁 위, 책장 위, 소파 같이 가로로 긴 선을 확보하자. 공간이 자연을 닮은 선에 가까울수록 식물이 놓였을 때 더 아름답다.

물론 이상과 현실이 충돌한다. 사람이 생활하는 공간에는 살림살이들이 필요하다. 현대인의 편리함은 다양한 종류의 살림살이 덕분에 가능해졌다고 해도 과언이 아니다. 주방 싱크대 위만 해도 커피 머신, 토스터, 밥솥, 정수기 등이 자리 잡고 있으며, 그 사이사이로 컵, 접시 같은 가재도구가 보인다. 사람 사는 집에 살림살이가 있는 건 당연한 일이지만 드러나는 것이 많을수록 시선이 끊기며 시각적 소음을 유발한다.

인테리어 전문가들이 살림살이를 모두 수납해 밖으로 내보이지 않게 하라는 이유가 여기에 있다. 살림살이에게 각각의 자리를 만들어 준다.

식물은 세로 선이다. 자연을 상상하며 가로 선과 세로 선의 비율을 차용하자. 싱크대 위엔 키가 큰 단풍철쭉을 올려 들판에 홀로 서 있는 소나무 같은 선을 만들 수 있고, 소파 옆 벽과 벽이 만나는 코너 자리엔 키 1m 이상의 고무나무나 떡갈잎 고무나무, 아레카야자 같은 나무로 숲의 풍성함을 연결할 수 있다.

갤러리처럼 하나의 색으로 넓은 면을 만든다

갤러리는 예술 작품을 가장 돋보이게 연출하는 데 특화된 공간이다. 벽면, 천장, 바닥 모두 표면이 평평하다. 평평한 면에서는 빛이 자연스럽게 반사되고 전반적으로 공간이 은은하게 부드러워진다. 실내 공간에도 갤러리의 방식을 차용할 수 있다. 빛이 다양한 각도로 반사되도록 천장, 벽면, 바닥면을 평평하게 정리하는 것이다.

작품을 전시하는 공간은 창문으로 들어오는 직사광 대신 주로 스포트라이트를 사용한다. 시선이 작품에 집중되도록 주변부는 빛의 양을 줄이고, 작품에 조명을 비추는 것.

조명색은 쿨톤보다 빛의 온도 3000K에서 5000K 사이의 웜톤 사용을 권한다. 인간은 본능적으로 따뜻한 색에 끌리기 때문이다.

사람은 하늘, 땅, 공기가 있는 자연 공간에 머물 때 가장 편안함을 느낀다. 안락한 공간을 위해선 천장은 하늘색, 마루는 흙색, 벽면은 웜톤 화이트로 연출하는 것도 좋다. 하늘색 천장이 부담스럽다면 벽면의 웜톤 화이트를 천정까지 끌어 연결한다. 흰 면이 벽, 천장까지 연결되며 공간이 더 넓게 느껴지는 효과가 있다.

살림살이와 공간을 정리한다

아름다운 공간을 만드는 일은 정리 정돈에서 시작된다. 사용하지 않는 살림살이를 단호하게 정리한다. 150평형에서 34평형으로 줄이며 4톤가량의 살림살이를 폐기하기도 했는데, 딱히 생각나는 살림살이가 하나도 없었다. 살림살이를 끌어안고 사는 것은 어깨에 짐을 짊어지고 사는 것과 똑같다. 과감하게 털어낼 필요가 있다.

마음먹었을 땐 몽땅 다 갖다 버리고 싶은 충동이 생긴다. 그렇다 해도 집안 전체를 한 번에 뒤집는 일은 삼가자. 한꺼번에 처분하는 방법은 비포 애프터가 가장 확실하지만 체력과 시간, 정신력 등 에너지가 많이 들어가는 작업이기 때문이다. 인기 프로그램 '신박한 정리'를 보면 한 집을 정리하기 위해 이사할 때보다 많은 인력이 투입되는 것을 볼 수 있다.

하루에 한 군데씩 장소를 정해 틈틈이 정리하는 편이 가장 좋다. 주방부터 시작해 보자. 가장 살림살이가 많고, 집안 중심부에 위치하고 있으며, 가족 구성원 모두 자주 사용하는 공간이기 때문에 즉각적인 효과가 나타난다. 주방 서랍을 열고 안에 있는 내용물을 모두 꺼낸다. '이런 게 있었나?' 싶은 것들은 미련 없이 모아 정리한다.

한 번에 종량제 봉투 20ℓ만큼 정리하면 체력적, 시간적 부담도 줄어들 뿐만 아니라 개운한 기분을 만끽할 수 있다. 충분히 재사용할 수 있는 살림살이는 당근마켓, 지역 맘카페, 아름다운 가게를 활용해 기부하거나 재판매한다. 생활 습관을 바꿔야 지속가능하다.

플랜테리어를 위한 인테리어 공사 시 알아둘 점

인테리어 공사를 마친 사람들은 종종 '공사하느라 늙었어'라고 표현할 정도로 힘들다고 말한다. 사는 동안 집을 고치거나 수리할 일은 종종 생기므로, 공사 현장을 찾아 철거, 목공, 도배, 마루, 가구 시공 등 공정을 어깨너머로 배우고 담당 작업자의 연락처를 적어둘 것. 비슷한 문제가 생겼을 때 당황하지 않고 해결할 수 있다.

가장 먼저 예산을 정한다

인테리어 공사를 계획하고 있다면 가장 먼저 해야 할 일은 예산을 정하는 것이다. 예산은 의사 결정의 기준이 된다. 견적을 낸 다음 예산을 정하겠다고 생각하는 경우가 많은데, 사실 예산을 정하지 않고 견적을 내는 것은 의미 없다.

견적서에 들어가는 공사와 마감재의 종류는 A4용지 서너 장이 될 만큼 많다. 개당 단가로 보면 큰 차이가 없는 것처럼 느껴진다. 개당 2천 원짜리 콘센트와 스위치 커버를 개당 4천 원짜리로 변경하면 예산이 두 배 증가하는 셈이다.

인테리어에 사용할 예산을 정하지 않은 상태에선 갈팡질팡할 수밖에 없다. 예산을 정한 다음 견적을 내야 실행 계획에 가까워진다. 인테리어 공사에선 다소 무자비할 정도로 예산에 맞추는 태도가 필요하다.

인테리어에 사용할 예산을 정하면 어떤 방식으로 풀어 나갈지 방향을 정할 수 있다. 예산에 따라 전문 인테리어 업체에게 전체 리모델링을 맡길 것인지, 부분 수리 업체를 찾을 것인지, 건축주 직영으로 개별 공사를 발주할 것인지 의사 결정할 수 있고, 그 결정에 따라 우리가 해야 하는 일이 달라진다.

전체 리모델링은 해당 업체에서 공사동의서부터 스케줄 관리, 업체 관리, 공정 관리, 입주

청소, AS까지 모든 것을 다 알아서 해 준다. 신경 쓸 게 많지 않다. 우리 집을 전담하는 담당자가 배정되며 커뮤니케이션도 수월하다.

전체 리모델링 사업을 맡는 A급 인테리어 업체의 평당 단가는 최소 300만 원 이상으로 계속 상승하는 추세다. 34평형 아파트를 기준으로 계산해 보면 견적은 1억 원에서 1억 3,600만 원 선이다. 세탁기, 냉장고, 에어컨 같은 생활 가전 구입비는 제외다.

현장 마감재가 아직 쓸 만해서 일부만 교체하길 원한다면 부분 리모델링을 하는 방법도 있다. 부분 리모델링은 업체의 대표자가 철거, 설비, 타일, 실리콘 등 여러 공정을 함께 하는 현장 기술자인 경우가 종종 있다. 소비자와 소통을 위한 시간을 내기 어려울 수 있다.

게다가 부분 리모델링을 하는 업체는 흔치 않다. 소비자 입장에선 쓸 만한 건 다 두고, 일부분만 교체하면 간단할 것 같지만, 공급자 입장에선 부분 공사는 반갑지 않은 일이다. 마진이 적고, 오히려 작업자 품이 더 든다. 현장에 기계와 자재를 들여와야 하는데, 부분 공사 시엔 교체하지 않는 부분의 손상 우려도 있기 때문이다.

소비자가 개별 공정을 각각 발주하는 방법도 있다. 가격은 가장 합리적이고, 원하는 부분만 교체할 수 있다는 장점이 있지만, 각 공정끼리 맞닿는 부분(마루와 타일이 맞닿는 부분, 마루와 벽이 닿는 부분, 마루와 새시가 만나는 부분, 필름과 도배가 만나는 부분 등) 마감이 매끄럽지 않을 가능성이 있다. 하고 싶은 것을 다 하기에 예산이 부족하다면 개별 공사를 발주내고, 프로젝트 관리자 역할을 하는 편이 좋다.

전문 지식을 쌓으려면 그만큼 시간과 경험이 쌓여야 하므로, 감리자를 별도 고용하는 방법도 권할 만하다.

하고 싶은 것보다 '절대 포기할 수 없는 것'을 정한다

인테리어 공사를 하기로 마음먹으면 이것도 하고 싶고, 저것도 하고 싶고, 하는 김에 여기도 해야 할 것 같고, 계속 늘어난다. 공사 범위가 늘어날 때마다 예산도 쑥쑥 불어난다. 가장 중요하게 생각하는 공간을 중심으로 예산을 배정하고, 나머지 부분은 과감하게 생략하거나 줄이면 만족도가 올라간다.

사람마다 소중하게 생각하는 가치가 다르다. 어떤 사람은 주방을, 어떤 사람은 욕실을, 어떤 사람은 거실을 가장 중요하다고 여긴다. 포기할 수 없는 곳을 중심으로 공사 범위를 정하는 편이 좋다.

입주 5년 미만의 아파트에 입주한 여느 의뢰인은 색에 민감했다. 짙은 고동색 몰딩과 걸레받이, 문선, 문을 보기 힘들어했다. 몰딩과 걸레받이는 벽지 색을 따라 흰색 인테리어 필름으로 감싸고, 문과 문선에 밝은 회색 필름을 시공했으며, 웜톤 화이트 벽지로 도배를 다시 했다. 밝고 환한 공간이 되었고, 어느 곳에 식물을 두어도 잘 어울렸다.

입주한 지 10년 이상 된 공간이라면 마감재의 수준을 낮추고, 전체에 손을 대는 편이 좋다. 마루 대신 장판, 실크벽지 대신 합지, 도장 도어 싱크대 대신 LPM 마감 도어를 선택하는 식이다. 저렴한 자재를 선택하되 컬러를 잘 맞춰 디테일을 올리면 가격 대비 성능이 좋은 공간이 탄생한다. 예산, 시간, 공간의 제약이 있을 때 창의성이 발현되어 재미있는 해결책이 나오기도 한다.

플랜테리어는 물 사용이 많다는 점을 고려한다

식물은 동선을 막지 않도록 벽과 바닥이 만나는 모서리 부분, 벽과 벽이 만나는 코너 부분같이 발길이 닿지 않는 데드 스페이스에 배치하는 것이 좋다.

화분이 놓이는 공간엔 물을 주다 넘치거나, 잎에 분무하다 물방울이 떨어져 바닥이 손상되기도 하므로 바닥재를 타일로 시공하면 관리가 편하다. 마루와 비슷한 색상, 우드 무늬 타일을 선택하면 시선을 방해하지 않는다.

취향에 따라 바닥 전체를 타일로 시공하는 방법도 있지만 쿠션감이 약해 관절에 부담을 줄 수 있다. 실내에서도 슬리퍼를 신고 다니는 라이프스타일을 갖고 있다면 바닥 전체를 타일 시공하는 것도 고려해봄 직하다.

벽면은 대리석, 타일, 페인트, PVC코팅이 되어 있는 실크 벽지를 사용하면 물에 젖어서 발생하는 손상을 줄일 수 있다.

식물을 많이 키울 계획이라면 인테리어 공사 시 집 안쪽에 수도꼭지를 만들고, 정원용 릴호스를 연결해 두는 것도 좋다.

TIP. 인테리어 순서

1. 예산 정하기 : 예산은 공사의 기준이 된다. 시공 가능한 공사와 우선순위를 정할 수 있다.
2. 공사 방식 정하기 : 전체 리모델링, 부분 리모델링, 개별공사 직접 발주의 형태가 있다.
3. 공사 범위 정하기 : 철거, 설비, 새시, 목공, 전기, 타일, 필름, 마루, 도배, 가구 공사, 조명, 콘센트, 스위치 부착하기, 실리콘 마감하기
4. 취향 반영하기 : 마감재 고르기, 컬러 팔레트를 만든 다음 마감재의 색상을 정한다.
5. 견적 내기 : 세 곳 이상 견적을 내 본다. AS를 고려한다면 가까운 곳이 유리하다.
6. 공사 스케줄 작성하기 : 철거, 설비 공사, 전기 공사(배전 중심), 목공 공사, 바닥 공사, 주방 싱크대, 붙박이장, 타일 공사, 도배, 붙박이장, 조명 공사, 전기공사(스위치, 콘센트, 등기구 부착), 입주 청소의 순서로 진행된다.

벽 마감재 고르기

한국은 2020년 기준, 63%의 사람들이 아파트에 거주하고 있다. 아파트는 철근 콘크리트 구조로, 내부는 시멘트 마감이다. 시멘트는 면이 거칠고, 수평과 수직이 정확하게 맞지 않아 내장재로 사용하기 어렵다. 따라서 보통 시멘트 벽면 위 석고보드로 가벽을 다시 세우고 그 위에 마감재를 붙여 마감한다. 이 마감재가 우리 눈에 보이는 것들이며, 주로 사용되는 소재는 아래와 같다.

대리석

천연 대리석과 인조 대리석으로 나뉜다.

천연 대리석은 무늬가 일정하지 않아 연결되게 시공하기 쉽지 않으나 고유의 물성에서 오는 광택, 피부에 닿는 촉감, 은은한 색감이 좋다. 천연 재료이므로 수분을 머금고, 먼지가 스민다. 검은색, 흰색, 옥색, 청록색, 남색, 와인색 등 색상이 다양하다.

인조 대리석은 아크릴에 돌가루를 섞어 만든다. 무늬가 일정해 넓은 면에 연결되게 시공할 수 있고, 관리가 편하다. 대표적인 인조 대리석으로 주방 싱크대 상판을 들 수 있다. 관리가 편하고, 질감이 대리석과 유사하나 열에 약하다. 벽면 마감재 중 시공비가 가장 높은 수준이다.

타일

타일의 디자인과 종류는 정말 다양하다. 벽면은 보통 모자이크 타일처럼 작고 귀여운 것보다 $300 \times 900mm$ 이상의 큰 타일로 마감하는데, 시각적으로 시원한 느낌이 들기 때문이다. 타일은 물에 강해 관리가 편한 장점이 있으나, 시공비가 높은 편이다.

타일은 굽는 온도에 따라 강도가 달라진다. 도기질 타일은 굽는 온도가 낮아 강도가 약하기 때문에 바닥보단 벽타일에 적합하다. 자기질 타일은 굽는 온도가 높고, 열전도율도 좋다. 자기질 타일은 바닥재로 사용하기 좋다.

한편, 타일은 표면 질감에 따라 폴리싱 타일과 포세린 타일로 나뉜다. 표면을 가공해 매끈한 것은 폴리싱 타일로, 바닥재로 사용할 경우 미끄러질 우려가 있어 어린이, 노약자, 반려동물과 함께 사는 경우 주의해야 한다. 포세린 타일은 포슬포슬한 질감을 갖고 있어 욕실 등 바닥재로 사용하기 좋은데, 생각하지 못한 부작용이 있었다. 타일의 거친 표면의 높은 마찰력으로 인해 양말과 바지 무릎 부근에 자주 구멍이 났던 경험이 있다.

도장

벽면에 페인트를 바르는 것을 도장이라고 한다. 페인트가 발리는 면이 매끈할수록 페인트 효과가 커진다. 벽면의 석고보드와 석고보드 사이의 공간을 '이음매'라고 부르는데, 이 공간에 보강 테이프를 바른 다음 퍼티를 바르고 사포질해 표면을 평평하게 마무리해야 한다. 이 작업이 없으면 페인트가 마르며 갈라져 금이 생긴다.

천장과 벽, 벽과 바닥이 만나는 곳에도 퍼티 작업을 한 다음 페인트로 마무리할 수 있다. 도장을 하면 천정 아래 몰딩과 마루 걸레받이 시공을 생략해도 된다. 덕분에 층고가 더 높아 보이는 효과가 있다.

문과 문선을 인테리어 필름으로 마감할 경우, 필름 컬러를 먼저 정하고 페인트를 고른다. 대부분 필름지의 컬러보다 페인트의 컬러가 다양하기 때문에 필름 컬러를 먼저 정하는 것이 색을 맞추기 더 좋다.

화이트의 경우를 예로 들면, 문과 문선을 바른 필름지는 쿨톤이고 벽면과 천장에 칠한 페인트는 웜톤이라면 아무리 도장을 해도 어딘가 촌스럽게 느껴지는 공간이 된다. 톤 앤 매너를 정돈하는 것이 팁.

벽지

벽지의 종류는 소폭 합지, 광폭 합지, 실크벽지, 친환경 실크벽지, 천연 벽지 등이 있다. 주거 공간 인테리어에선 주로 합지와 실크벽지를 사용한다. 실크벽지는 벽지 표면에 PVC 가공을 한다. 표면에 비닐 코팅을 한 셈으로, 물과 오염에 강하다. 딱딱한 플라스틱을 부드럽게 만들기 위해 사용하는 가소제 때문에 유해성 논란이 있다.

실크벽지를 사용하는 가장 큰 이유는 가격 대비 성능이 좋기 때문이다. 벽지와 벽지가 만나는 부분을 롤러로 문지르면 이어 붙인 면이 거의 보이지 않기 때문에 면이 깨끗하다.

합지 벽지는 종이에 가까워 물과 오염엔 약하지만, 유해 물질이 적다. 벽지 위를 벽지가 덮는 방식으로 시공해 단면이 드러난다는 단점이 있다. 가구가 많아 벽이 잘 보이지 않는 방은 합지를 사용하면 비용도 줄이고, 안전한 환경을 만들 수 있다.

친환경 벽지는 소나무, 편백나무, 향나무, 라벤더 등 인체에 이로운 자연재료에 황토 알라이트를 혼합해 만들어 풀과 흙의 향기가 난다. 벽지 단가가 높고, 색상 표현이 조금 아쉽다. 대표적으로 에덴 바이오 벽지가 있다.

바닥 마감재 고르기

바닥 마감재로는 타일, 대리석, 마루, 장판 중 선택할 수 있다. 가장 보편적으로 사용되는 바닥재는 마루로, 피부에 닿을 때의 촉감, 온도, 쿠션감이 무난하다는 장점이 있다. 종류로는 원목마루, 강마루, 온돌 마루, 강화 마루, 친환경 코르크 마루 등이 있다. 물이 사용이 잦은 공간은 타일과 병행해 사용성을 높일 수 있다.

원목마루

원목마루는 마루 바닥재 중 가장 가격이 높다. 합판에 2mm 두께 이상의 원목을 붙여 만든다. 뒤틀림을 방지하고 원목의 촉감과 질감을 느낄 수 있는 장점이 있다. 발바닥에 닿는 나무의 느낌은 다른 마루재와 비교 불가다. 게다가 마루폭이 125mm~190mm로 넓은 편이라 고급스럽다.

원목마루 표면의 원목은 무른 편이라 스크래치나 찍힘에 약하고, 마루의 두께가 두꺼운 편이라 바닥 난방의 열전도율이 낮은 것은 단점으로 꼽힌다.

강마루

강마루는 합판에 필름을 덧댄 방식으로, 가장 보편적으로 사용되는 마루다. 마루 표면이 단단하고, 마루와 마루 사이의 간격이 좁아 관리도 편하다. 강마루는 시공 시 시멘트 바닥면에 접착제로 붙여 고정한다. 걸을 때 흔들림이 없고 소음이 발생하지 않는다. 열전도율도 높은 편이다.

강마루 폭이 다양하게 생산되며 선택지가 넓어졌다. 90~95mm 강마루가 원목마루 폭과 같은 125mm, 190mm가 등장하며 심미적인 만족도와 편의성을 충족시키고 있다.

온돌 마루

 온돌 마루는 강마루와 같은 방식으로 만들지만 필름 대신 천연 무늬목을 덧댄다. 무늬목이란 나무를 두께 1㎜ 미만으로 종이처럼 얇게 켜낸 것을 말한다. 온돌 마루의 촉감과 질감은 나무의 느낌과 유사하다. 마루 두께가 얇아 열전도가 잘 된다.

 천연 재료의 특성상 색과 무늬가 균일하지 않다. 온돌 마루와 원목마루와 차이점은 원목마루는 합판 위에 두께가 2~3㎜인 원목을 붙이고, 온돌 마루는 합판 위에 종이처럼 얇은 무늬목을 붙인다는 점이다.

강화 마루

강화 마루는 톱밥을 접착제와 섞어 고온에서 압축 성형한 다음 필름을 붙여 만든다. MDF에 필름을 붙인 것이다. 강마루와 같은 방식으로 만들지만 필름 대신 천연 무늬목을 덧댄다. 무늬목이란 나무를 두께 1㎜ 미만으로 종이처럼 얇게 켜낸 것을 말한다.

강화 마루는 시공 시 퍼즐을 끼우듯 조립해 접착제를 사용하지 않는다. 마루 위를 걸을 때 소음이 발생할 수 있지만 시공 및 철거가 쉬워 분위기를 쉽게 바꿀 수 있다. 접착제로 고정하는 마루가 아니다보니 바닥면이 평평한 곳에만 시공할 수 있다. 강화 마루는 시공에 들어가는 시간과 에너지가 적어 자재와 시공비가 저렴한 편이다.

친환경 코르크 마루

코르크를 압축해 마루를 만들고, 표면을 가공했다. 시공 시 본드를 사용하지 않고, 마루의 쪽과 쪽을 퍼즐처럼 끼워 넣는 공법을 쓴다. 친환경 EO 등급 자재로, 시공 단가는 높은 편이다.

코르크 마루는 집안에서 걸을 때 발생하는 소음을 줄여주고, 층간 소음 완충재 역할을 한다. 관절에 전달되는 충격도 적다. 코르크는 단열 특성을 갖고 있어, 방 안의 온도를 적절하게 유지하고, 냉난방의 에너지 효율이 높다. 또한 코르크 재료 자체가 충격을 흡수하는 성질을 가지고 있어서 걸을 때 편안하다. 내구성도 높아 오래 사용할 수 있다.

TIP. 마루 시공

- 헤링본 등 다양한 무늬와 패턴을 가진 마루가 출시되는데, 마루처럼 재시공이 쉽지 않은 마감재는 다소 보수적으로 유행을 타지 않는 소재와 디자인을 선택하는 것이 좋다.

- 바닥의 가장 넓은 면을 따라 마루의 가로 결을 맞춘다.

- 식물 화분이 놓일 장소는 미리 계산해 타일을 시공해도 좋다. 타일과 마루가 만나는 부분은 재료 분리대를 사용해야 한다. 색상이 다양하지 않으므로 재료분리대 색상을 고려해 바닥 색상을 정하면 완성도를 높일 수 있다. 금색 재료분리대를 사용할 땐 오크 마루와 나무색 타일을, 회색 재료분리대를 이용할 땐 회색 타일을, 흰색 재료분리대를 사용할 땐 흰색 타일을 쓴다.

빛 디자인

인테리어에서 빛은 가장 중요한 요소라고 해도 과언이 아니다. 광량에 따라 색도 달라질 뿐 아니라, 빛은 생명체의 생체 리듬에 직접적인 영향을 미치기 때문이다. 물론 우리가 집 안에 들이려는 식물에게도 태양광은 중요하다.

햇빛의 중요성

햇빛이 피부나 눈을 통해 우리 몸에 들어오면 자율신경이 안정되고 기분이 좋아지는 효과가 있다. 자외선은 즐거운 기분을 유도하고, 뼈 건강에 중요한 역할을 하는 비타민 D 생성을 촉진할 뿐만 아니라, 세로토닌과 도파민 등 기분을 좋게 해주는 호르몬 생성에도 관여한다.

빛의 밝기는 '럭스LUX'라는 단위를 쓴다. 흐린 날 자연광의 조도는 약 1만 럭스이고, 맑은 날은 약 10만 럭스까지 측정된다. 보통 실내조명은 50~500럭스 정도로, 실외에 비하면 매우 낮다. 실내 생활이 90%에 달하는 현대인은 늘 햇빛이 부족한 상태인 셈이다.

실내 생활을 주로 하는 현대인들은 그만큼 햇빛을 받는 시간이 줄었다. 빛이 부족하면 불면증이 생길 뿐만 아니라, 비타민 D가 부족해져 뼈 건강도 위험해진다. 가능하면 집 안으로 햇빛을 많이 들이도록 계획을 세운다. 실내로 들어오는 햇빛의 양이 많아지게 하는 가장 간단한 방법은 유리창을 깨끗하게 닦는 것이다.

생체 시계를 회복하는 데 도움을 주는 인공 조명도 있다. 밀라노에서 활동하는 디자이너 스테파노 페르테가토Stefano Pertegato가 디자인한 루미나리움은 태양의 활동 주기를 모방해 24시간 생체 리듬에 맞게 작동하는 조명 시스템이다. 불면증, 과면증 같은 수면 문제로 고생하는 사람들의 생체 리듬을 자연의 리듬으로 되돌린다.

한국에는 루플Luple에서 출시한 '올리 데이&나이트 세트'가 있다. 올리 데이와 올리 나이트는 각각 하루 25분씩 빛을 쬐면 수면에 중요한 멜라토닌 형성을 촉진한다. 해당 제품은 세계 최대 IT 가전 전시회인 미국 CES에서 2021년부터 2년 연속 '헬스 앤 웰니스 부문' 혁신상을 수상했다.

직접조명, 확산조명, 간접조명

인테리어 프로와 아마추어를 나누는 가장 큰 차이점이라고 하면 빛과 조명 사용법이다.

한국의 주거 공간은 방이나 거실 한가운데에 밝은 주광색 조명을 천장에 부착해 사용하는 경우가 많다. 형광등의 색인 주광색은 청색광이 많아 생체 리듬을 방해한다. 대다수가 간과하는 사실이다. 직접등 사용을 줄이고, 따뜻한 전구색을 가진 은은한 간접등을 활용하면 신체 리듬을 살리고, 건강에 도움이 되는 공간을 만들 수 있다.

직접조명은 빛이 커버하는 영역이 넓다. 빛이 직사광선처럼 내리쬐기 때문에 빛의 양이 풍부하고, 에너지 효율이 높다. 그러나 빛이 강해 시선이 닿을 때마다 눈이 부시고, 그림자가 생긴다. 직부등, 라인등, 레일등, 펜던트 등이 직부등이다.

확산조명은 전구 앞면에 빛이 산란되도록 커버나 뚜껑을 씌운다. 전구 앞쪽 우윳빛 커버가 있는 다운라이트, 광원에 PVC 원단을 씌운 바리솔 조명, 우윳빛 전구등이 해당한다.

간접조명은 빛이 한 번 꺾여 공간에 은은하게 펼쳐진다. 우물천장 가장자리 쪽으로 T5 등을 심거나, 전등 갓이 천장을 향하고 있어 빛이 직접적으로 펼쳐지지 않는 것을 예로 들 수 있다.

조명색에 따라 달라지는 분위기

실내 조명에 사용하는 조명의 색은 색온도K로 구분한다. 색온도는 숫자가 낮을수록 노란 전구빛에 가까우며, 숫자가 높을수록 창백하고 하얗다.

유독 우리나라에는 조명이 무조건 밝아야 한다고 생각하는 경향이 있는 듯하다. 저녁 시간, 아파트 한 동을 올려다보면 대부분 집의 거실과 방에 온통 흰색 직접등이 켜져 있는 모습을 볼 수 있다. 최근 몇 년 동안에는 효율이 높은 LED 조명으로 교체하는 집이 많았는데, 교체한 조명색이 모두 5500~6000K의 주백색, 주광색 조명이었다. 그러나 흰색 조명에는 청색광이 많고, 청색광에는 사람을 각성시키는 효과가 있다.

집은 하루 일과를 마치고 돌아와 몸과 마음이 편히 쉬어야 하는 공간이다. 그런데 청색광 때문에 집에서조차 각성하고 있는 것이나 마찬가지인 셈이다. 흰색 조명은 각성해야 하는 일터에서 주로 사용하는 색이었지만, 요즘은 기업에서조차 창백한 흰색 조명 대신 중간색인 4000K 조명으로 바꾸는 추세다.

조명색을 바꿔보는 건 어떨까? 집에 있는 5500~6000K의 주백색, 주광색 조명을 최소 4000K 백색 조명으로 교체하고, 주방 펜던트와 간접등은 2700K~3500K의 따뜻한 조명으로

설치하는 것이다. 이 정도만 바꿔도 눈이 한결 편해지며, 집 분위기가 부드럽고 포근해진다.

어둡지 않느냐고? 그렇지 않다. 그리고 처음에 어둡다고 느껴도 눈은 금세 적응한다. 기억해두자. 눈 건강을 위해 피해야 할 것은 청색광이다.

조명의 형태

조명의 종류는 부착하는 형태에 따라 다음과 같이 나뉜다.

펜던트등

천정에 부착하는 형태의 등으로 식탁 위, 테이블 위 중심부에 오도록 설치한다. 전선줄이 길 때 돌돌 말아 연출해도 좋다. 시공 위치에 미리 전선을 빼 두는 것이 중요하다.

다운라이트

천정에 타공(구멍 뚫기)한 다음 소켓 형태의 등을 끼워 넣는 등으로, 빛이 확산되며 은은하고 부드럽게 보인다. 공간의 전체적인 빛의 양을 맞출 때 사용한다.

시공 위치에 미리 타공을 하고 전선을 빼두어야 한다. 그렇지 않으면 전선이 마감재 밖으로 지나며 시선을 분산해 지저분해진다.

천장등/방등

가장 일반적인 형태이다. 타공 없이 브래킷으로 설치한다. 천장과 브래킷 사이 공간에서 빛이 새어나올 수 있으니 꼼꼼히 체크하자.

벽부등

벽에 부착하는 등이다. 주로 복도나 코너 공간에 시공한다. 미리 전선을 빼두어야 한다.

TIP. 빛 디자인에 참고할 사항

빛과 관련된 용어들
- 럭스, 루멘, 켈빈, 와트

 럭스LUX: 면에 닿는 빛의 정도, 평면에 비치는 단위 면적의 밝기

 루멘LM: 가시광의 총량. 높은 루멘은 강한 빛, 낮은 루멘은 약한 빛을 뜻한다.

 켈빈K: 빛의 색온도.

 와트W: 단위시간에 단위면적에 전달되는 에너지의 양.

공간별 필요한 빛의 양
- 식탁 LED(W)

 2인용 식탁(가로폭 1,200㎜ 내외): 12w~24w

 4인용 식탁(가로폭 1,400㎜ 내외): 24w~36w

 6인용 식탁(가로폭 1,800㎜ 내외): 40w~70w

- 거실 LED(W)

 20평: 100w~120w

 30평: 125w~150w

 40평 이상: 150w~180w

- 큰방 LED(W)

 20평: 30w~40w

 30평: 40w~60w

 40평 이상: 60w~80w

- 작은방 LED(W)

 20평: 30w~40w

 30평: 40w~60w

 40평 이상: 60w~80w

- 주방 LED(W)

 20평: 30w~50w

 30평 이상: 50w~60w

8

컬러로 완성하는
플랜테리어 디테일

COLORS

색의 원리와 요소

공간을 연출하는 데 가장 중요한 것은 '색'과 '빛'이다. 마감재의 품질 수준에 따라 결과물에 차이가 있지만, 색과 빛을 잘 사용하면 투입 비용 대비 효과를 극대화 할 수 있다. 색에 대한 기본 상식을 요점 정리한다.

색의 3요소: 색조, 명도, 채도

색조

색의 3속성 중 명도와 채도를 합한 개념으로, 색의 강하고 약함, 진하고 흐리기를 말한다. 맞은편에 있는 색은 보색으로, 서로 반대되는 색이다. 두 가지 색을 섞으면 무채색이 된다.

명도

물체의 색이나 빛의 색이 가진 밝기의 정도를 말한다. 같은 색이라도 주변에 있는 사물과 비교했을 때 명도가 더 확실하게 느껴진다.

명도의 단계

채도

아무 것도 섞지 않아 맑고 깨끗한 색은 채도가 높은 색이다. 한 가지 색상 중 가장 채도가 높은 색을 '순색'이라고 한다. 하양과 검정은 채도가 없어 '무채색'이다.

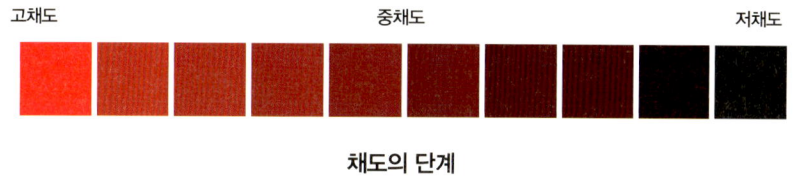

채도의 단계

3원색

색의 3원색

색의 3원색은 마젠타(자주색), 시안(하늘색), 옐로(노랑)을 기준으로, 마젠타와 옐로가 섞여 빨강이, 마젠타와 시안이 섞여 파랑이, 옐로와 시안에 섞여 초록이 된다. 색의 3원색에서 가장 기억해 두어야 할 점은 색상이 섞이면 섞일수록 검정이 된다는 점이다.

빛의 3원색

빛의 3원색은 빨강, 초록, 파랑을 기준으로, 빨강과 초록이 섞여 노랑이, 파랑과 초록이 섞여 시안이, 빨강과 파랑이 섞여 마젠타 색이 된다. 빛의 3원색에서는 색이 섞이면 섞일수록 흰색이 된다.

예쁜 공간을 방문해 사진을 찍었는데, 사진으로 보니 기억 속 색과 전혀 다르게 느껴지는 경우가 종종 있다. 화면으로 보는 공간이 실제로 보는 공간과 다르게 느껴지는 가장 큰 이유는 눈으로 보는 색과 IT기기를 통해 빛으로 보는 색이 다르기 때문이다. 직접 보는 색은 색의 3원색이고, IT기기 화면을 통해 보는 색은 빛의 3원색이다.

쿨톤과 웜톤, 그 오묘한 차이

'쿨톤', '웜톤'이라는 표현은 미국의 예술가 로버트 C.도르(1905-1979)가 'Color Key Program'에서 처음으로 사용한 개념이다. 쿨톤Cool tone은 차가운 느낌을, 웜톤Warm tone은 따뜻한 기운을 말한다.

흰색 물감에 파란 물감을 섞으면 푸른 기운을 띠는 흰색이 된다. 이 흰색은 차가운 느낌을 주는 쿨톤 흰색이다. 흰색에 노란 물감을 섞으면 따뜻한 기운을 띠는 웜톤 흰색이 된다.

흰색 대신 검은색, 초록색, 남색 등 다른 색도 마찬가지다. 어떤 색상이든 푸른색을 더해 차가운 느낌이 더해지면 쿨톤, 노란색을 더해 따뜻한 느낌이 나면 웜톤이다.

쿨톤과 웜톤은 서로 잘 어울리지 않는다. 화이트 톤 인테리어를 했을 때 가장 쉽게 눈에 띄는데, 이상하게 어딘가 어울리지 않는 느낌이 든다면 쿨톤과 웜톤이 씩씩하게 자기 목소리를 내고 있는 것이다. 그런 경우라도 살릴 수 있는 방법이 있다. 빛을 활용하는 것이다.

지금 나는 아이보리색 두툼한 방석 위에 앉아 웜 그레이 색상의 노트북 스탠드 위에 맥북을 올리고 글을 쓰고 있다. 맞은편엔 흰색 붙박이장이, 오른쪽엔 조 콜롬보의 아이보리색 보비 트롤리가, 바닥엔 H&M의 면 러그 카펫이 깔려 있다. 흰색 붙박이장에선 파란 기운이 느껴진다. 나는 쿨톤을 보면 몸이 차가워지는 것만 같아서 쿨톤보단 웜톤을 좋아한다. 반면 쿨톤이 청량해서 좋아하는 사람도 있을 것이다.

빛을 활용해 흰색 붙박이장의 푸른 기운을 웜톤으로 바꿨다. 따뜻한 베이지 계열의 러그를 바닥에 깔았다. 창으로 들어오는 햇빛은 바닥 러그에 부딪혀 따뜻한 색으로 변했고, 달라진 빛이 붙박이장 표면에 닿으며 쿨톤 흰색을 중화해 웜톤처럼 보이게 한다.

퍼스널 컬러에서도 쿨톤과 웜톤은 중요하다. 사람마다 잘 어울리는 톤이 다르기 때문이다. 쿨톤은 쿨톤끼리, 웜톤은 웜톤끼리 배색하는 것이 좋다.

내게 쿨톤이 어울리는지, 웜톤이 어울리는지는 주변 사람들이 알고 있다. "오늘 유난히 얼굴이 맑아 보이는데?"라는 이야기를 들었다면 그날 입었던 옷의 착장을 분석한다. 푸른빛이 도는 감색 수트를 입었다면 쿨톤, 따뜻한 느낌이 드는 베이지색 계열의 원피스였다면 웜톤이다.

때로는 나와 어울리지 않는 톤이라는 걸 알면서도 입고 싶을 때가 있다. 그럴 땐 얼굴에서 먼 곳에 착장하자.

내게 잘 맞는 톤은 쿨톤인데 웜톤의 베이지색 옷을 입고 싶다면 얼굴에 가까운 상의는 내게 어울리는 쿨톤을 고르고, 얼굴에서 먼 하의를 웜 베이지로 고르는 것이다. 나와 어울리지 않는 컬러톤의 옷을 입고 싶다면 참고하시길!

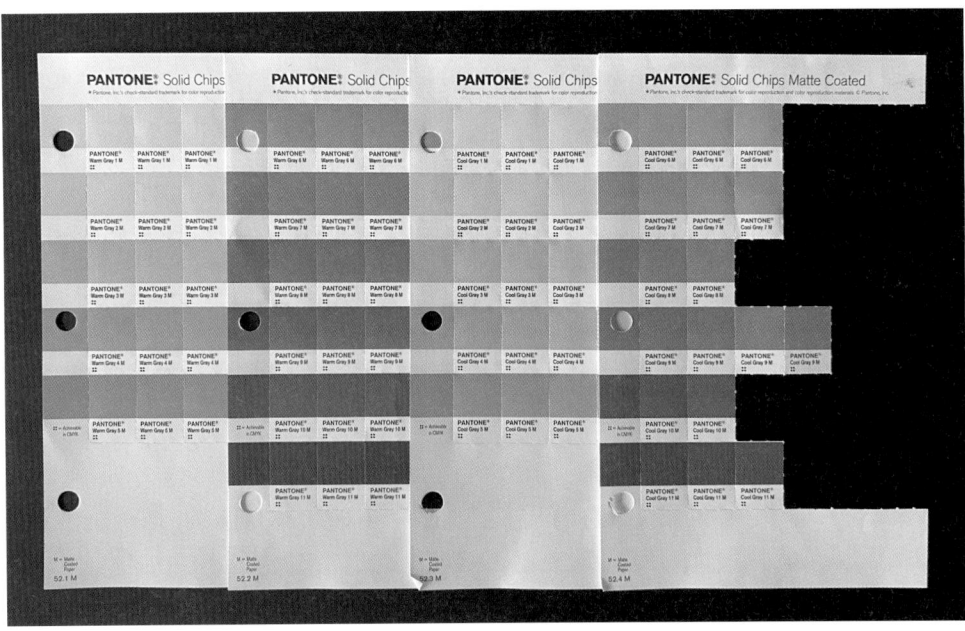

공간에 맞는 색의 비율

사람들은 색을 쓰는 것을 두려워하는 경향이 있다. 인테리어나 플랜테리어 상담을 진행할 때 종종 듣는 말이 "저는 색을 쓸 줄 모르기 때문에 그냥 올 화이트로 하려고요"라는 말이다.

물론 올 화이트도 좋은 방법이다. 하지만 색을 섞어 쓰는 편이 더 좋다. 색에는 고유의 파장이 있어, 내게 부족한 에너지를 채울 수 있기 때문이다. 색은 우리 몸과 정신의 건강을 돕는다.

좋아하는 색으로 집안 전체를 도배해야 한다는 뜻은 아니다. 스타벅스 매장을 생각하면 무슨 색이 떠오르는가? 아마도 초록색이라고 대답할 것이다. 스타벅스 매장에서 초록색은 전체 면적의 5% 정도에 불과하다.

베이스Base가 되는 색상과 강조하고 싶은 키Key 색상을 정하고, 베이스와 키 색상을 연결하는 완충 색상을 쓴다. 베이스 컬러, 연결 컬러, 키 컬러의 비율은 60~70%, 25~30%, 5~10% 정도의 비율이 좋다.

베이스 컬러는 벽, 천장처럼 넓은 면적을 차지하는 부분에 사용한다. 연결 컬러는 마루, 침대, 소파 같이 큰 가구, 문, 문틀, 카펫으로 표현한다. 키 컬러는 교체가 가능한 소품으로 표현하는 것이 좋다. 쿠션이나 러그, 액자, 그림, 화병, 방문 손잡이, 스위치 등이 그 역할을 담당한다.

벽지 색상보다 페인트 컬러의 가짓수가 더 많으므로 벽지 색을 고른 후 그에 어울리는 페인트 색상을 고르자. 거실처럼 자주 사용하는 공간은 예산 안에서 가장 좋은 옵션을 택하고, 방은 벽지 등으로 한 급 낮춰 시공해도 된다. 방은 면적에 비해 필요한 가구가 많아 디테일이 도드라지진 않기 때문이다.

벽과 천장에 사용할 베이스 컬러로는 웜 그레이, 웜 화이트, 웜 베이지 색상을 추천할 만하다. 바닥은 오크, 메이플, 월넛 같은 나무 색으로 연결한다. 벽, 천장, 바닥의 비율은 얼추 60~70%, 25~30%가 된다. 좋아하는 색은 키 컬러로 자유롭게 사용한다. 추천하는 색은 녹색, 하늘색 등 자연에서 볼 수 있는 색이다.

컬러칩의 종류

팬톤 컬러칩

'올해의 컬러'를 들어봤다면 이미 '팬톤'을 알고 있는 것이다. 팬톤Pantone은 1963년 설립된 미국 기업으로, 2000년부터 해마다 '올해의 컬러'를 발표하고 있다.

사람의 눈으로 보는 색상은 모두 다르다. '빨강'을 예로 들어보자. '빨강'색 하트를 인쇄한다고 할 때, 어떤 사람은 단풍잎을 떠올리고, 누군가는 잘 익은 사과의 빨강을 생각한다. 팬톤은 눈으로 보이는 색상을 모두 번호를 매겨 표준화했다. 디자이너들은 팬톤 컬러 '207C' 빨강으로 소통한다. 스타벅스의 초록색은 3425C, 넷플릭스의 빨강은 1795C, 삼성의 파랑은 286C다.

팬톤 컬러칩은 주로 종이와 섬유의 색을 다룰 때 사용하며, 가장 보편적인 컬러칩이다. 디자인 관련 종사자라면 팬톤 컬러칩을 한 권씩 다 가지고 있다고 해도 과언이 아니다. 아이폰 앱스토어에서 다운로드 받을 수 있는 팬톤 스튜디오Pantone Studio 앱은 사진을 찍으면 저절로 색상을 분석해 팬톤 넘버를 알려준다.

NCS Natural Color System

NCS 시스템은 스웨덴에서 만든 컬러 체계로, 페인트에 통용되는 전 세계적인 기준이다. 우리나라에선 삼화페인트가 NCS 컬러 시스템에 맞춰 컬러칩을 만든다.

페인트 조색을 할 때 컬러칩 위에 색을 칠해 색상을 확인하는 경우가 많은데, 넓은 벽지나 판자 조각에 칠해 실제 그 페인트가 칠해질 곳에 두고 공간에 드는 빛의 양을 통해 색상을 직접 확인하는 것이 좋다. 벽은 그늘이 생겨서 생각했던 컬러보다 더 어둡게 느껴지는 경우가 많다.

이케아 가구에 사용되는 기본 흰색은 NCS S0502-Y 색으로, 흰색에 검정 5%, 노란색 2%를 섞어 조색한 흰색이다. 이케아의 흰색 가구를 사용할 계획이라면 도움이 될 것이다.

RAL 체계

독일의 대표적인 컬러 스탠다드로, 디자인, 페인트 등 다양한 산업 영역에서 사용한다. 최근 들어 주로 금속에 도장용 색상 체계로 쓰이는 추세다.

TIP. 색 추출과 컬러 팔레트를 볼 수 있는 앱과 웹

팔레토 Paleto

구글 플레이와 아이폰 앱스토어 모두에서 다운 받을 수 있는 앱. 사진을 찍고 업로드하면 색을 추출해 색의 이름과 색상 번호를 알려주는 색 추출 기능과 색을 혼합해 만들어 내는 조색 기능을 갖고 있다. 만들어낸 색을 저장하고 공유할 수 있는 팔레트 앱이다.

팬톤 스튜디오 Pantone Studio

아이폰 앱스토어에서만 다운로드 받을 수 있는 앱으로, 아이폰과 아이패드에서 사용 가능하다. 사진을 찍으면 팬톤 컬러 넘버가 보이고, 그 색과 관련된 컬러 팔레트가 나타난다. 컬러 칩을 찾는 수고를 줄여주는 고마운 앱.

컬러헌트 colorhunt.co

색상 조합이 어렵게 느껴질 땐 컬러 팔레트가 준비되어 있는 웹 사이트 컬러헌트를 추천한다. 파스텔, 빈티지, 레트로, 네온, 콜드, 웜톤 등 다양한 주제로 4가지 색상 배합을 제시한다. 마음에 드는 컬러 팔레트를 누르면 각 컬러의 색상 값을 알 수 있다.

우리 집 컬러칩 카드 만들기

인테리어 공사를 진행하는 동안 내가 살고 있는 공간에 대해 깊게 생각하는 시간을 갖게 된다. 공사를 하지 않은 경우 혹은 임대한 집일 경우 '그냥 살자' 생각하며 어느 정도 타협에 가까운 포기를 하게 된다. 우리가 어디에서 살고 있든, 그 모든 시간이 우리의 삶이라는 것을 생각하면 우리 라이프스타일에 맞는 공간을 만들고, 하루하루 아름답고 행복하게 사는 게 얼마나 소중한 일인지 다시금 깨닫는다.

인테리어 공사를 진행한 경우

　인테리어 공사를 진행한 경우엔 도배지, 페인트, 필름, 타일, 마루, 창틀, 문 등 마감재 조각을 모아둔다. 마감재마다 브랜드, 상품명과 번호를 기록해 두면 보수할 때 유용할 뿐 아니라, 무드 보드를 만들 수 있다. 사용한 색상을 컬러 팔레트로 만들어 기록하면 가구나 소품을 선택할 때 큰 도움이 된다.

1. 물감을 준비한다. 색을 섞어 만들기 때문에, 수채화 물감, 포스터 물감처럼 색이 잘 섞이는 재료가 좋다.
2. 도화지에 명함 크기로 8칸을 그린다.
3. 마감재를 모아둔 무드보드를 보며 물감을 섞어 마감재와 똑같은 색을 만든다. 예를 들어 오크 색 필름의 색을 만든다면 갈색에 노란색, 빨간색을 조금씩 섞어 가며 색을 맞춘다.
4. 필름지와 물감 색이 같아지면 명함 크기의 도화지에 색을 바른다.
5. 모든 마감재의 색상을 같은 방식으로 명함 크기 종이에 한 눈에 볼 수 있도록 칠한다.
6. 가구나 소품, 커튼 등을 바꿀 때 컬러칩을 보며 색을 정하면 완성도를 올릴 수 있다.

인테리어 공사를 진행하지 않은 경우

　인테리어 공사 없이 입주한 경우에도 컬러칩을 만들 수 있다. 오히려 공사를 하지 않은 경우 컬러칩 만들기가 더 중요하다.

1. 물감을 준비한다. 수채화 물감, 포스터 컬러 같이 색이 잘 섞이는 재료가 좋다.
2. 도화지에 명함 크기로 8칸을 그린다.
3. 마루면 마루, 벽지면 벽지 옆에 종이를 대고 물감을 섞어 색을 맞춘다.
4. 필름지와 물감 색이 같아지면 명함 크기의 도화지에 색을 바른다.
5. 모든 마감재의 색상을 같은 방식으로 명함 크기 종이에 한눈에 볼 수 있도록 칠한다.
6. 가구나 소품, 커튼 등을 바꿀 때 컬러칩을 보며 어울리는 색을 찾으면 완성도를 높일 수 있다.

9

식물의 이로움

LIVING WITH PLANTS

컨디션이 좋아진다

식물과 함께 살기 시작하면 이상하게 어딘가 컨디션이 좋아진 것처럼 느낀다. 아니, 느낌이 아니라 사실이다.

첫째, 실내식물은 산소를 내뿜어 인체의 효율을 높인다.

적정 최고 산소 농도는 23%다. 아마존 밀림의 산소 농도다. 이 농도에선 과음을 해도 숙취가 생기지 않고, 하루 세 시간만 자도 피로를 느끼지 않는다. 산소 공급을 늘리기 위해 산소 발생기를 사용하는 방법도 있다. 하지만 자칫 높은 농도의 산소를 습관적으로 마시면 산소에 중독될 수 있다. 식물을 키우면 자연스럽게 이 문제가 해결된다. 식물은 산소 중독 같은 부작용 없이 마음껏 신선한 산소를 공급받을 수 있는 자연 그 자체다.

둘째, 실내식물은 미세먼지를 제거하고 공기를 정화한다.

미세먼지는 담배연기보다 건강에 더 해롭다. 식물은 기공을 통해 호흡하며 먼지를 제거하고, 뿌리로 보내 미생물이 제거하고, 식물이 방출하는 음이온은 양이온인 미세먼지를 잡아당겨 먼지를 전기적으로 제거한다. 마지막으로 잎의 왁스 면에 먼지가 달라붙어 사라진다. 레인지 후드 위, 냉장고 위, 벽과 벽이 만나는 코너 공간에 식물을 키우면 먼지가 줄어드는 걸 관찰할 수 있다.

현대인은 90% 이상의 시간을 실내에서 보낸다. 실내 공기는 벽지, 바닥재, 페인트, 가구에서 방출되는 포름알데히드, 톨루엔, 자일렌 등 유해 물질뿐만 아니라 먼지, 곰팡이, 음식 냄새 등으로 위협받고 있다. 반드시 식물과 함께 살아야 한다.

셋째, 식물이 방출하는 피톤치드는 천연 항균 물질로 인체의 면역력을 높인다. 식물이 뿜어내는 향이 피톤치드다. 피톤치드를 가장 많이 뿜는 식물은 소나무다. 실내에서도 식물을 많이 키우면 숲의 향이 풍기는데, 피톤치드 농도가 높아지기 때문이다.

넷째, 식물은 음이온을 만드는데, 농촌진흥청 연구에 따르면 음이온은 만병통치약이나 다름없다. 혈액을 정화하고, 통증을 완화하고, 저항능력을 높이고, 세포 재생을 촉진하고, 자율신경의 조절 능력을 높인다.

다섯째, 초록은 보기만 해도 뇌의 알파파를 증가시켜 집중력을 높인다.

여섯째, 흙에 살고 있는 미생물은 우리 몸에 유익한 균으로, 면역력을 강화시키고, 뇌 기능을 활성화시키며, 알츠하이머의 진행 속도를 늦춘다. 미생물의 중요성에 대한 연구는 계속 진행되고 있다.

마이크로바이옴 농법으로 닭을 키우는 포천 두레 자연농장 최갑식 대표는 〈행복이 가득한 집〉과의 인터뷰에서 "참 신기한 게, 장 속 미생물과 흙 속 미생물이 90% 일치해요"라고 말했다. 장 속 건강한 미생물이 많은 닭은 조류독감에 걸리지 않는다. 흙 속 미생물은 우리 면역력을 강화시켜준다.

전 세계에 코로나 바이러스가 창궐한 것이 불과 얼마 전의 일이다. 이 기간 동안 동안 반려식물의 판매량은 여섯 배 가까이 증가했다. 전염병이 창궐할 때 사람들이 정원으로 몸을 피해 생명을 건진 것처럼 코로나 시대에도 사람들은 실내에서 식물과 함께 지내며 건강을 유지했다. 작은 식물이 주는 효과라는 걸 믿기 어렵지만, 식물과 함께 하는 삶은 아름다우며 동시에 실용적이다.

치유와 회복이 일어난다

식물과 함께 살면 치유와 회복이 일어난다.

창문을 열면 집안으로 들어오는 바람에 잎이 흔들거리며 톡톡 소리를 낸다. 잎엔 햇빛이 일렁이고, 하얀 벽엔 식물이 그리는 그림자가 춤을 춘다. 물을 준 화분에선 흙내가 풍기고, 받침으로 똑똑 떨어지는 물소리가 들린다. 감각은 지금 현재로 시선을 돌린다.

사람은 본능적으로 과거로부터의 상처와 힘든 일들을 쉬이 잊지 못한다. 사실 생각해 보면 기쁘고 행복한 순간도 있었을 텐데 우린 그런 순간을 잘 기억하지 못한다. 신나고 재미있고 좋았던 일들보다, 힘들고 아프고 괴롭고 위험한 일을 먼저 떠올린다. 위험으로부터 피하는 것, 이것을 기억하는 것이 생존에 유리하기 때문이다. 미래에 대한 두려움과 걱정도 그런 본능에서 온다.

감각을 깨우면 우리의 의식은 지금을 향한다. 식물의 잎을 만져보라. 어떤 기분이 드는가? 만지고, 듣고, 보고, 냄새를 맡고, 맛보면서 지금의 나를 알아차리게 된다. 자연스럽게 의식은 과거로부터의 상처와 미래의 걱정에서 현재로 이동한다. 지금의 기쁨과 즐거움을 인식하게 된다. 식물과 함께 사는 삶은, 그동안 너무나 당연해서 그저 흘려보내던 것들의 진정한 의미를 알아채도록 돕는다.

일상과 마음의 군더더기를 걷어 나의 시간과 에너지를 내가 원하는 대로 쓰면 생산성이 높아지고, 삶의 만족도도 올라간다. 식물을 실내에서 키우는 것이 가장 좋지만, 그럴 수 없는 상황이라면 산책로의 가로수나 자주 찾는 공간에서 마주치는 식물과 교감해도 좋다.

늦여름, 동네 산책로를 따라 달리다 아파트 화단에 심어진 나무 아래에서 새하얗게 핀 꽃을 발견했다. 꽃 모양이 백합과 닮아 '혹시 향기가 날까?' 싶어 발걸음을 멈췄다. 얼굴은 벌써 꽃 가까이 가고 있었다. 공기를 훅 들이마시자 코를 넘어 달콤하고 진한 향기가 머리카락부터 발끝까지 번개처럼 훑고 지나갔다. 몸을 바닐라 아이스크림에 담갔다 꺼낸 듯했다. 그날 이후로 길가에 핀 꽃을 보면 향기부터 맡는다. 나중에 알게 된 꽃 이름은 옥잠화였다.

공짜로 누릴 수 있는 자연의 나눔. 어떤 대상에 이름을 붙이고, 관찰하는 과정을 통해 생명체가 주는 에너지를 경험하게 된다.

환경을 회복시킨다

지난겨울, 알프스 산맥의 빙하가 녹아 산이 초록색 모자를 썼다. 스페인에선 사람들이 반팔을 입고 수영을 했다. 한 세대(30년) 전만 해도 뼛속까지 시리던 한국의 겨울은 11월 중순까지 20도가 넘었다. 지구 온난화로 기후가 달라지고 있다지만 어리둥절했다.

환경운동가들은 지구 환경이 위기라고, 이산화탄소 배출을 멈추라고 목청을 높인다. 다른 한편에선 지구 자원을 가불해 여전히 뭔가를 만들고, 공기탱크인 숲을 빠른 속도로 파괴한다. 사람들은 소비를 줄이지 않고, 유럽에선 천연가스 수급 문제로 다시 석탄을 때기 시작했다. 이산화탄소 배출량이 줄어들기는커녕 늘고 있다.

환경을 회복하는 방법은 하나뿐이다. 자원과 에너지 사용을 줄여야 한다. 아껴 쓰고, 덜 먹고, 몸을 더 많이 움직여야 한다. $1km$를 가는데, 걸어가면 $40kcal$지만 자동차를 이용하면 $600kcal$가 쓰인다. $1km$를 빠른 걸음으로 걸으면 10분 정도, 차로는 1분 정도가 소요된다. 편리함에 익숙해진 우리가 과연 불편함을 어디까지 수용할 수 있을까?

인간이 지구 환경을 회복시키는 데에 얼마나 오랜 시간이 걸릴지는 아무도 모른다. 그래서 우리 모두 식물을 키워야 한다. 집을 숲처럼 식물로 가득 채우는 경우의 수는 계산되지 않았으니까. 집집마다 숲이 된다면 환경 회복 속도가 빨라질지도 모르는 일이니까. 우리는 모두 식물을 키워야 한다.

전 세계를 휩쓴 전염병에 국경을 걸어 잠그고 사람들의 이동이 줄어들자, 자연은 다시 투명하고 새파래졌다. 동물들은 잠시나마 되찾은 파란 하늘과 맑은 강물, 푸르른 자연 속에서 안심하고 놀았다. 우리는 잠시 잠깐 이곳에 머무는 것이다. 지구를 잠시 빌려 쓰는 것이다. 환경은 사랑하는 사람들에게 물려줘야 하는 귀한 자원이다.

생명을 사랑하는 본능, 바이오필리아

자연 속에선 감각이 연결되고, 해방감과 자유로움을 느낄 수 있으며, 순리에 따라 살아가는 방법을 배울 수 있다.

어느 따스한 봄날이었다. 창을 통해 깊숙이 드는 햇빛이 유독 맑고 투명했다. 그동안 바람이 그리웠다. 이제 찬기가 가신 바람의 청량함을 즐길 수 있을까. 창문을 열자 따뜻한 바람이 불었다. 머리를 창가 쪽으로 두고 소파에 누웠다. 눈은 열심히 헨리 데이비드 소로의 《월든》을 읽어 내려갔다. 바람에 커튼이 너울거리고 그림자가 우아하게 춤을 추는 나른한 오후였다.

그때 톡톡거리는 소리가 들렸다. 처음 들어보는 소리에 혹시 벌레인가 싶어 소파에서 몸을 일으켰다. 소리가 나는 방향으로 향했지만 화분엔 벌레가 보이지 않았다. 톡톡 소리는 창가에 세워 둔 아레카야자가 내는 소리였다. 바람에 흔들리는 이파리가 서로 부딪히는 소리였다. 식물이 바람을 반기는 소리. 처음 '소리의 정체'에 대해 의식하게 된 순간, 뭉툭해 진 감각에 실뿌리가 자라며 서로 연결되었다.

어느 뜨거운 여름날의 산책로에선 달리는 도중 갑자기 비가 내리기 시작했다. 예보 없이 내린 비라 우산이 없었다. 어떻게 하지? 걸음을 멈췄다. 돌아가서 우산을 챙길까? 그런데 달리면서 우산을 써도 되나? 생각해 보니 비가 온다고 해서 반드시 우산을 써야 한다는 '법'은 없었다. 비도 겨우 보슬보슬 내리는 가랑비였다. 빗줄기는 굵어질 수도 있지만 보슬비로 그칠 가능성도 있었다. 설령 세찬 비에 옷이 젖는다 해도 인적이 드물어 괜찮았다. 더운 여름이니 시원하게 젖어도 좋았다. 그럼 그냥 달려보면 되겠네! 그냥 달려보자! 다시 달리기 시작했다.

민소매 상의에 반바지 차림이었다. 얼굴과 팔을 타고 흐르는 비의 촉감이 너무 좋았다. 팔을 들어 양쪽으로 펼치고 나무 아래를 달리는데, 어릴 적 장화를 신고 비 고인 웅덩이를 첨벙 첨벙 할 때처럼 신이 났다. '비가 오면 우산을 쓴다'는 고정관념을 깨 버린 해방감, 그리고 하늘과 나와 땅이 연결된 듯한 자유로움이 밀려왔다. 땀방울에 나의 슬픔과 아픔을 녹여 바람에 날려 보냈다.

가을비가 내리는 토요일 아침에는 토닥토닥 빗소리를 들으며 창밖에 서 있는 단풍나무를 본다. 단풍나무가 빨강 망토를 둘렀다. 반가운 사람을 만났을 때처럼 입꼬리가 쓱 올라간다.
바로 옆 배롱나무도 노란 잎을 떨군다. 선명하게 빨갛고 노란색. 숨 막힐 것 같이 아름다운 가을 단풍은 정말 '숨이 막혀' 생기는 현상이다. 기온이 떨어지기 시작하면 나무는 떨켜-낙엽이 지기 전 가지와 잎 사이에 생기는 것-를 만들어서 유지할 수 없는 잎들을 모두 떨어뜨린다. 낙엽이 단풍의 끝을 의미하지는 않는다. 나무는 봉오리를 키우며 다음 봄을 준비한다. 산책길 왕벚나무가 속닥속닥 말해 주었다.

그뿐 아니라, 자연은 아낌없이 나누면서도 균형을 이룬다. 칡덩굴처럼 여름철 다른 생명체를 타고 올라 뒤덮어버리는 무법자를 만나면, 풀과 나무들은 칡의 성장을 방해하는 타감 물질을 발산하여 무법자를 한꺼번에 처리한다.
자연은 <u>스스로</u> 알아서 잘 한다. 우리도 자연이다. 스스로 알아서 잘 할 것이다. 자연을 가까이 하는 동안 알아서 스스로 잘 할 거라는 믿음이 자란다.
수천 년 동안 진화해 온 유전자엔 이미 우리에게 이로운 일에 대한 정보가 담겨 있다. 생명에 대한 사랑도 그중 하나다. 생명체와 함께 살면 에너지를 얻을 수 있다. 새잎이 돌돌 말려 올라오는 모습은, 연둣빛 새잎이 두 세장 보일 때는, 갓 세수한 얼굴로 쳐다보는 아이를 보는 것 같다. 함께 사는 식물이 잘 자라 풍성해지는 모습을 보면 나도 무엇인가 잘할 수 있을 거라는 긍정적인 마음이 샘솟는다.

지금 사는 곳이 어디든, 우리는 생명과 함께 한다. 식물과 동물뿐만 아니라, 애정을 담고 오래 함께 하는 사물에게도 생명의 힘이 생긴다. 생명에 대한 사랑, 유전자에 새겨진 본능을 '바이오필리아'라고 일컫는다.
이어령 전 문화부 장관은 2012년 10월 열린 제11차 세계한상대회에서 "한국인만이 할 수 있는 것을 찾아 '온리 원'이 되면 '베스트 원'이 될 수 있다"라고 말했다. 글로벌 리더가 되려면,

나라를 사랑하는 토포필리아, 생명을 사랑하는 바이오필리아, 새로운 것을 받아들이는 적극적인 마음인 네오필리아가 필요하다고 했다.

모든 것을 가능케 하는 힘. 바로 사랑하는 마음이다.

EPILOGUE

여리고 씩씩한
식물과 함께
사랑하며
행복하게 사는 삶

7년 전, 5월부터 30도가 오르내리던 더운 봄날, 창문을 열고 잠이 들었다가 새벽에 숨이 쉬어지지 않아 잠에서 깼다. 숨을 크게 들이마셔 공기로 폐를 가득 채워도 가슴이 답답했다. 그 느낌이 꼭 물에 빠진 것만 같았다. 잠을 다시 청할 수가 없었다. 초록창에 미세먼지 예보를 검색하자, 새빨간 색으로 '매우 나쁨'을 나타내고 있었다.

　그즈음 아들은 새빨간 코피를 쏟았다. 나중에 알게 된 사실이지만, 미세먼지는 코 점막을 건조하게 만들어 작은 자극에도 혈관이 터지게 한다. 미세먼지를 줄이는 지속가능한 방법이 없을까 고민하다가 공기정화식물과 함께 살기 시작했다.

　식물의 도움으로 먼지를 제거하겠다는 목적이 있었지만, 식물을 공기청정기나 세탁기 같은 도구로 여긴 것은 아니다. 식물은 말없이도 분명하게 의사를 표현했다. 내가 일상에 쫓겨 시선이 잠시 멀어지면 잎은 버석버석 거리고 줄기엔 물이 말라 생기가 사라졌다.

　매일 아침 분무기로 잎에 물을 뿌리며 하루를 시작했다. 다림질을 할 때처럼 무표정한 얼굴로 분무기 손잡이를 거푸 눌러댔다. '바빠 죽겠는데 왜 사서 고생이야. 얼른 해치워야지.' 그

생각밖에 없었다.

 식물은 다림질감과 달랐다. 내 손길을 통해 물을 마시고, 그 고마움을 어떻게든 표현했다. 목욕한 다음 말간 얼굴로 나를 쳐다보며 웃는 아가처럼 뽀얀 잎을 내밀었다. 햇빛에 반짝거리는 물방울과 시원하게 빛나는 초록 잎을 보며 마음속에서 무언가 녹기 시작하는 걸 느꼈다.

 사람은 누구나 마음의 상처가 있다. 미완성 인격체인 서로가 부딪히며 서로에게 상처를 낸다. 인생이라는 바다에서 누구나 각자의 태풍을 만나고, 처리하지 못한 감정은 마음에 쌓여 빙하가 된다. 그 빙하를 끌어안고 살 것인가, 녹이고 자유롭게 살 것인가. 식물이 짐이나 의무가 아니라 함께 사는 대상이라고 느껴졌고, 그즈음 빙하는 점점 녹아 사라졌.
 시간이 갈수록 식물과 더 친해졌다. 나중엔 물을 주지 않으면 식물들이 나한테 신경 좀 쓰라고 말을 하는 것 같았고, 식물들에게 "알았어, 알았어. 미안해"라고 말을 하고 있었다. 물을 주면 식물들은 꼴깍꼴깍 소리를 내며 마셨고, 어깨를 활짝 펴고 환하게 웃었다. 200여 개의 식물들이 새잎을 틔우고, 키가 한 뼘씩 자랄 때마다 무엇이든 잘 할 수 있을 것 같은 기분이 들었다. 자기효능감의 회복이다.

 식물과 함께 살면 몸의 건강에 도움이 될 뿐만 아니라 마음의 건강에도 도움이 된다. 새잎과 꽃을 볼 때마다 생명의 에너지가 차오른다. 인도고무나무는 자주색 비단에 싼 것처럼 돌돌 말린 새잎을 틔웠고, 아로우카리아는 헬리콥터 프로펠러 같은 잎을 펼쳤다. 스킨답서스는 잎에 이슬처럼 물방울을 대롱대롱 매달았고, 스파티필룸은 백조의 머리 같은 꽃을, 호야는 초콜릿 향기가 풍기는 별 같은 꽃을 피웠다.
 화분에 심어 집안에 데리고 들어온 실내식물도 열심히 제 할 일을 하며 생명의 힘을 보여주었다. 집에 있으면서도 매일 숲속에서 보물 찾기를 하는 기분이었다.

 모두에게 이로운 식물의 실용성과 아름다움을 가능한 많은 사람들과 함께 하고 싶었고, 글을 쓰기 시작했다. 이 기록은 미세먼지 걱정 없는 에코 플랜테리어 《우리 집이 숲이 된다면》으로 출간되었다. 이후 5년 동안 약 250회의 강연을 통해 수천 명의 사람들을 만났다.
 수강생들의 질문과 답변에는 공통점이 있다. 대부분이 식물을 좋아하지만 여러 번 죽여 트라우마를 갖고 있고, 그 두려움이 마음속 빙하와 연결된다는 것이다. 두려움을 극복하는 유일한 방법은 또 도전해서 두려움의 기억을 성공으로 치환하는 것이다. 다시 도전해야 한다.

마치 운전처럼, 식물을 돌보는 방법도 기본 기술을 익혀야 한다.

아름답게 연출하는 방법은 공간과 취향에 대한 이해가 있어야 한다. 식물에도, 인테리어에도 유행이 있지만 내 취향이 반영되어야 오래 지속할 수 있다. 식물도 좋고 나도 좋은, 균형을 이루는 지점을 찾는 것이 좋다.

수천 명의 수강생 중엔 일반인뿐만 아니라 수십 년간 난을 육성하고 판매해 온 난 화원 대표, 수백 평의 정원을 가꾸는 정원가, 식물 판매점 대표, 치유농업사, 도시농업관리사 등등 전문가들도 많았다. 이들은 모두 수업이 큰 도움이 되었다고 말했다. 강의를 듣고 귀한 경험을 나누어 주신 덕에 책의 내용이 풍성해졌다. 큰 감사를 전한다.

소중한 작품 'Flowers in a Divella Jar'를 표지에 쓸 수 있게 흔쾌히 허락해 주신 김성윤 작가님, 책의 아름다움을 살리는 맑은 사진을 찍어주신 이주연 작가님, 평생 동안 식물을 사랑하는 마음으로 나무의 건강을 위해 헌신하신 나무의사 우종영 작가님, 세계에서 우리나라 식물 연구를 주목하게 이끈 농촌진흥청 국립원예특작과학원의 김광진 과장님, 식물과 함께 살며 자기 본연의 창조성을 꺼내 전방위 창작자로 살아가는 독립한 마케터 정혜윤 님, 플랜테리어 인플루언서로 선두에 서 있으나 늘 겸손한 자세로 식물처럼 함께 성장을 도모하는 그린티카 님의 소중한 추천사에도 감사드린다. 마지막으로 전작《우리 집이 숲이 된다면》을 스무 번 넘게 탐독하고 그보다 더 아름답고 깊은 책으로 만들기 위해 여러모로 애써 주신 송사랑 대표와 베리북 출판사에도 사랑을 가득 담아 감사의 마음을 전한다.

이 책에선 식물과 함께 살아야 하는 이유, 실내에서 잘 자라는 식물들, 잘 키우는 방법, 아름답게 연출하는 방법, 식물이 주는 치유의 효과까지 실내 가드닝과 플랜테리어에 대한 기본 지식을 총정리했다. 식물과 살면 건강하고 행복해지며 몸과 마음의 효율이 좋아지고 생산성이 증가한다.

식물은 혼자보다 함께 있을 때 더 잘 자란다. 자연스럽게 공동체에 대한 관심으로 확장된다. 집집마다 식물이 많아지면 지구 환경 회복에도 도움이 될 것이다. 이 책을 통해 식물과 함께 건강하고 예쁘게 살며, 행복을 누리는 사람들이 더 많아지면 좋겠다.

함께 읽으면 좋은 책들

식물과 환경

《공간이 사람을 움직인다, 콜린 엘러드, 더퀘스트》
《미세먼지 잡는 공기정화식물 55가지, 월버튼, 중앙생활사》
《쉽게 기르는 실내식물 140, 도테 니센, J&P 식물공감》
《실내식물도감, 프란 베일리, 지아 앨러웨이, 한뼘책방》
《우리 집이 숲이 된다면, 정재경, RHK》
《자연이 우리를 행복하게 만들 수 있다면, 미셸 르 방 키앵, 프런트페이지》
《건강과 환경을 살리는 홈 디자인 100, 올리버 하스, 한뼘책방》
《바이오필릭 디자인, 샐리 쿨타드, 차밍시티》
《내 몸과 마음을 살리는 녹색의 힘 식물 치유, 박신애, 인사이드북스》
《살아 있는 동안 꼭 봐야 할 우리 꽃 100, 권혁재 조영학, 동아시아》
《한국의 야생화, 자연과 함께하는 사람들, 문학사계》

인문학적 접근

《식물의 인문학, 박중환, 한길사》
《나무의 시간, 김민식, 브레드》
《나는 나무에게 인생을 배웠다, 우종영, 메이븐》
《어바웃 해피니스, 어맨다 텔벗, 디자인하우스》
《정원의 쓸모, 수 스튜어트 스미스, 윌북》
《파리식물원에서 데지마박물관까지, 이종찬, 해나무》
《화가들의 정원, 재키 베넷, 샘터》
《작가들의 정원, 재키 베넷, 샘터》
《오두막 편지, 법정, 문학의 숲》
《버리고 떠나기, 법정, 샘터》

공간적 접근

《좋아보이는 것들의 비밀, 이랑주, 인플루엔셜》
《주거 정리 해부도감, 스즈키 노부히로, 더숲》
《주거 인테리어 해부도감, 마쓰시타 기와, 더숲》
《거의 모든 것의 정리법, 저스틴 클로스키, 처음북스》
《도미니크 로로의 심플한 정리법, 도미니크 로로, 문학테라피》
《인테리어 디자인과 스타일링의 기본, 프리다 람스테드, 책사람집》
《인테리어 스타일링 바이블, 조희선, 몽스북》
《정리만 했을 뿐인데 마음이 편안해졌다, 다네이치 쇼가부, 북클라우드》
《돈이 모이는 재물운의 비밀, 전동희, 메이트북스》

색채학적 접근

《색깔의 힘, 김정해, 토네이도》
《색의 유혹, 에바 헬러, 예담》

지은이 정재경

2004년 '오래오래 기분 좋게 사용하는 제품들'이라는 콘셉트로 라이프 스타일 브랜드 더리빙팩토리를 설립했고, 복합문화 공간 카페 세컨드 팩토리를 비롯하여 여러 공간을 디자인해 왔다.

국내 최초의 플랜테리어 도서 《우리 집이 숲이 된다면》을 시작으로 지금까지 6권의 책을 집필했으며, 2021년부터 월간 샘터 에세이스트로 활동하고 있다.

독창적이고, 지속 가능하며, 함께 성장하는 식물적 삶의 방식을 소중하게 여기며, 일관된 메세지를 전하는 국내 유일의 라이프스타일 크리에이터이다.

인스타그램	@jaekyung.jeong
유튜브	@plantmessenger
웹사이트	crsh.kr
	tlf.kr

플랜테리어 101 Planterior 101

초판 1쇄 인쇄 2024년 4월 15일
초판 1쇄 발행 2024년 4월 30일

지은이 정재경
펴낸곳 베리북
펴낸이 송사랑

사진 이주연
디자인 이창욱

등록일 2014년 4월 3일
등록번호 제406-2014-000002호
주소 경기도 파주시 고봉로 755-27
이메일 verybook.k@gmail.com
ISBN 979-11-88102-27-3 (13590)

베리북은 (주)에스알제이의 출판 브랜드입니다.
책값은 뒤표지에 있습니다.

파본이나 잘못된 책은 구입하신 서점에서 교환해 드립니다.
이 책은 저작권법에 따라 보호를 받는 저작물이므로 무단 전재와 무단 복제를 금지합니다.
이 책의 전부 또는 일부를 이용하려면 반드시 저작권자와 (주)에스알제이의 서면 동의를 받아야 합니다.